Anke Johanningmann

Rituale der Schwarzen Magie

Eine Reihe aus dem Hexenzeiten-Verlag

Anke Johanningmann

Rituale der Schwarzen Magie

Eine Reihe aus dem Hexenzeiten-Verlag

Bibliografische Information der Deutschen Nationalbibliothek:
Die Deutsche Nationalbibliothek verzeichnet diese Publikation in der Deutschen Nationalbibliografie; detaillierte bibliografische Daten sind im Internet über http://dnb.d-nb.de *abrufbar.*

© 2024 Anke Johanningmann – Hexenzeiten-Verlag
Autor: Anke Johanningmann
Umschlaggestaltung, Illustration: A.J. Fotos-AmGrenzwert
Lektorat, Korrektorat: Das Allroundgenie

Verlag: Hexenzeiten-Verlag Schüttorfer Straße 28 48488 Emsbüren

ISBN Softcover: 978-3-384-18943-1
ISBN Hardcover: 978-3-384-18944-8
ISBN Großschrift: 978-3-384-18946-2

Gedruckt in Deutschland

Druck & Vertrieb: (im Auftrag der Autorin) Tredition GmbH, Heinz-Beusen-Stieg 5, 22926
Ahrensburg,

INHALT:

EINLEITUNG .... - 10 -

MAGISCHE SCHUTZKREISE .... - 11 -

DER ZAUBERSTAB .... - 22 -

DAS SCHWERT .... - 25 -

DER ALTAR .... - 26 -

DIE MAGISCHE GLOCKE .... - 27 -

WEITERES GERÄT .... - 30 -

ÜBER DIE VERSCHIEDENEN ARTEN DER MAGIE .... - 31 -

MAGIE LÄSST SICH NACH ART DER TÄTIGKEIT IN DREI
BEREICHE EINTEILEN: .... - 32 -

EIN FLUCH .... - 33 -

RITUAL ZUM ANZAUBERN VERSCHIEDENER KRANKHEITEN .... - 34 -

EIN RITUAL DER BILDZAUBEREI .... - 35 -

RITUAL DER BEHEXUNG .... - 36 -

EIN WEITERES RITUAL DER BILDZAUBEREI .... - 37 -

RITUAL ZUR BESTRAFUNG EINES UNRECHTTÄTERS .... - 37 -

MANIPULATION MITTELS FUSSSPUR .... - 39 -

GEGEN KRANKHEIT .... - 40 -

UM DEN URHEBER EINER BEHEXUNG ZU ERKENNEN .... - 42 -

GEGEN ALLERLEI ZAUBERISCHE EINFLÜSSE, SCHADEN UND
ZUSTÄNDE .... - 42 -

UM EIN TIER VOR BEHEXUNG ZU SCHÜTZEN .... - 43 -

RITUALE ZUR ABKEHR VON BEHEXUNG .... - 44 -

DER BÖSE BLICK .... - 45 -

DAS LICHT ZU MACHEN .... - 47 -

RITUAL ZUR PARTNERZUSAMMENFÜHRUNG .... - 48 -

FLUGSALBEN-REZEPTE .... - 49 -

SYMBOLIK DER EDELSTEINE .... - 51 -

WAHRSAGEKUNST .... - 56 -

PENDELN .... - 58 -

AMULETTE UND TALISMANE .... - 62 -

WIE AMULETTE UND TALISMANE DURCH WEIHUNG
WIRKUNGSVOLL GEMACHT WERDEN .... - 68 -

LIEBESTALISMAN .... - 70 -

DAS SIEGEL SALOMONS .... - 71 -

RUNEN .... - 73 -

ZAUBERSPRÜCHE AUS DEM NECRONOMICON .... - 76 -

DER STURZ DES SATANS UND DER ANDEREN ABTRÜNNIGEN
ENGEL AUS DEM HIMMEL .... - 82 -

DIE HIERARCHIE DER BÖSEN GEISTER .... - 84 -

DIE GEISTERHIERARCHIE NACH TRITHEMIUS .... - 89 -

RANGLISTE DER HÖLLISCHEN DÄMONEN NACH DER
ZAUBERLITERATUR DES 17. UND 18.JAHRHUNDERTS .... - 92 -

DIE HIERARCHIE DER DÄMONEN NACH SEBASTIEN MICHAELIS
ADMIRABLE HISTORY (1612) .... - 94 -

ÜBER DIE GESTALT DES SATANS .... - 95 -

ÜBER DIE GESTALT DES LUZIFERS .... - 96 -

EINORDNUNG VON DÄMONEN NACH ZWECK LIEBE,
BEZIEHUNGEN: .... - 100 -

NAMEN VON GEISTERN, DIE BERUFEN WERDEN KÖNNEN .... - 102 -

LISTE DER NAMEN EINIGER GEFALLENER ENGEL .... - 104 -

DIE HIERARCHIE DER ENGEL .... - 106 -

ÜBER DAS WESEN DER ENGEL ....- 107 -

DAS WESEN DER DÄMONEN..- 109 -

WIE SICH DIE ERSCHEINUNGEN DER ENGEL VON DEN
ERSCHEINUNGEN DER DÄMONEN UNTERSCHEIDEN ....- 110 -

EIN RITUAL ZUR DÄMONENBESCHWÖRUNG............................- 111 -

DIE BESCHWÖRUNG DES LUCIFUGE ZUR BESCHAFFUNG VON
REICHTUM ....- 114 -

BESCHWÖRUNGSFORMELN ....- 119 -

EINE BESCHWÖRUNGSFORMEL AUS DEM „GROSSEN
ZAUBERBUCH" LAUTET FOLGENDERMASSEN: ....- 120 -

MAGISCHE BESCHWÖRUNG MIT DEM SOGENANNTEN
SCHLÜSSEL SALOMONIS ....- 121 -

BESCHWÖRUNGSFORMEL AUS DEM GRIMOIRE ARMADEL ....- 123 -

EINE EINFACHE ART, DIE BÖSEN MÄCHTE ZU BESCHWÖREN,
IST FOLGENDE:...- 125 -

BESCHWÖRUUGSFURMELU UND SIEGEL DER GEISTER AUS
HERPENTILS SCHWARZE MAGIE AUS DEM JAHR 1505...............- 125 -

DIE BESCHWÖRUNG DER ELEMENTARGEISTER..........................- 130 -

DAS BÜNDNIS MIT DEM TEUFEL..- 132 -

DR. FAUST'S TEUFELSPAKT ....- 132 -

WIE MAN DEN TEUFELSPAKT WIEDER AUFKÜNDIGT ....- 135 -

DIE PLANETENGEISTER, IHRE ORTE, IHRE GESTALT UND
SIEGEL ....- 138 -

DIE BESCHWÖRUNG DER GUTEN GEISTER ....- 143 -

DIE BESCHWÖRUNGSFORMEL FÜR DEN ERZENGEL MICHAEI
(LATEINISCH): ....- 146 -

DIE BESCHWÖRUNGSFORMEL FÜR DEN ERZENGEL GABRIEL
(LATEINISCH): ....- 148 -

DIE BESCHWÖRUNGSFORMEL FÜR DEN ENGEL SAMAEL, WELCHER ANFANGS IM HIMMEL GEWESEN IST ....- 149 -

(LATEINISCH): ....- 149 -

DIE BESCHWÖRUNGSFORMEL FÜR DEN ERZENGEL RAPHAEL (LATEINISCH): ....- 150 -

SIEGEL EINIGER ENGEL ....- 154 -

ZEICHEN DER GUTEN GEISTER ....- 161 -

TOTENBESCHWÖRUNG (NEKROMANTIE) ....- 169 -

METHODE DER TOTENBESCHWÖRUNG ZUR SICHTBAREN ERSCHEINUNG VERSTORBENER ....- 170 -

RITUAL ZUR TOTENBESCHWÖRUNG ....- 172 -

REZEPT ZUR MATERIALISATIONSRÄUCHERUNG ....- 173 -

METHODE DER TOTENBESCHWÖRUNG NACH DER VORSCHRIFT DES TRITHEMIUS ....- 175 -

BEDEUTENDE MAGIER ELIPHAS LÉVI (1010 -1075) ....- 179 -

ABRAHAM VON WORMS (1362 ? - 1460) ....- 180 -

CORNELIUS AGRIPPA VON NETTESHEIM (1406-1535) ....- 182 -

DR. JOHN DEE (1526 -1600) ....- 183 -

ALEISTER CROWLEY (1875 -1947) ....- 184 -

ANTON SZANDOR LAVEY (1930-1997) ....- 187 -

DIE 19 HENOCHISCHEN SCHLÜSSEL ....- 187 -

SCHLUSSWORT ....- 208 -

Dr. John Dee und Edward Kelly bei der Totenbeschwörung auf dem Friedhof. Kelly hält den Zauberstab und liest aus dem schwarzen Buch die Beschwörung, während Dr. Dee die brennende Fackel hochhält. Vor ihnen steht die Tote im Leichenhemd. Auf dem Zauberkreis kann man die Namen der Engel Raphael, Rael, Miraton, Tarmiel, Rex erkennen.

Einleitung

Dieses Buch ist für jene, die sich ernsthaft der schwarzen Magie widmen wollen. Die Interessierten sollen nicht nur stellenweise, sondern das ganze Buch mit Aufmerksamkeit lesen, sonst würde Vieles verborgen bleiben, was in dem Werk zerstreut und absichtlich nur leise angedeutet ist. Ich gebe allen nervösen, schwachen, hysterischen, abergläubischen und dummen Menschen den Rat, dieses Buch niemals zu öffnen, oder, falls sie es geöffnet haben, es an dieser Stelle zu schließen. Diesen würde nur alles dunkel und verwickelt vorkommen, und der Pöbel reagiert erfahrungsgemäß auf Dinge, die sich seinem kleinen Geist entziehen, mit Spott, Entrüstung und Empörung.

Zudem sind die beschriebenen Rituale nicht gefahrlos und somit ungeeignet für jene, welche nicht auf der festen Grundlage eines unerschrockenen Geistes stehen. Wer nicht alles genau befolgt, wird bald feststellen, wie leicht etwas zu seinem Nachteil ausschlagen kann. Ich habe Euch gewarnt, und somit habe ich meine Pflicht erfüllt.

Magische Schutzkreise

Zauberkreise sind die sichersten Bewahrungsmittel gegen Beschädigungen von Seiten der Geister. Der Kreis sollte nicht zu klein sein und Bewegungen hemmen; er sollte auch nicht so weit sein, dass man große Entfernungen durchschreiten müsste. Günstig sind ca. 2 m. Er lässt sich beliebig vergrößern, z.B. um die Mitglieder eines Covens (Zusammenschluss von 12 Hexen unter der Leitung einer Hexe oder eines Hexenmeisters) bequem aufzunehmen. Der Kreis muss nicht immer auf einfache Art und Weise gezogen werden, sondern man kann dessen Beschaffenheit je nach der Natur des zu beschwörenden Geistes, nach Ort, Zeit, Tag und Stunde abstimmen. Dazu werden auf den Kreis Namen und Symbole eingeschrieben, die einen weiteren Schutz bilden. Jeder muss selbst überlegen, welche Namen er gebrauchen will, aber diese sollten in irgendeiner Weise in Zusammenhang mit der Methode und Durchführung des Vorhabens stehen. Außerhalb des Kreises zeichnet man neun Pentagramme in gleichem Abstand voneinander, in deren Mitte jeweils ein Licht gestellt wird. Diese Lichter sind dazu da, den Kreis, die Pentagramme und gegebenenfalls Namen zu beleuchten. Als Lichter verwendeten die Beschwörer früher aus Menschenfett hergestellte Kerzen, dem Fett der vom

Magier umgebrachten Feinde. Sie dienten in dieser Form jedem Geist als Warnung vor dem, was ihm bevorstünde, falls er keinen Gehorsam leiste und Störungen verursache. Heutzutage sind solche Kerzen schwer zu beschaffen, und es ist vielleicht einfacher Teelichter zu verwenden.

Der Zauberkreis kann auch aus Salz hergestellt werden, denn Salz wird von den Geistern gehasst, weil es nicht verdirbt, vor jeder Fäulnis schützt und deshalb ein Symbol der Ewigkeit ist. Salz wird aber auch von den Geistern geliebt, weil es den Erdboden unfruchtbar macht, die Pflanzenwelt tötet und das Wasser vergiftet. Ist einmal der Kreis gezogen und geweiht, so darf ihn der Magier nicht verlassen oder sich darüber hinausneigen, sonst ist er den feindlichen Gewalten, die draußen sind, ausgesetzt. Man wählt aus verschiedenen Gründen einen Kreis und keine andere geometrische Figur. Der Kreis stellt die Einheit mit dem Unendlichen dar.

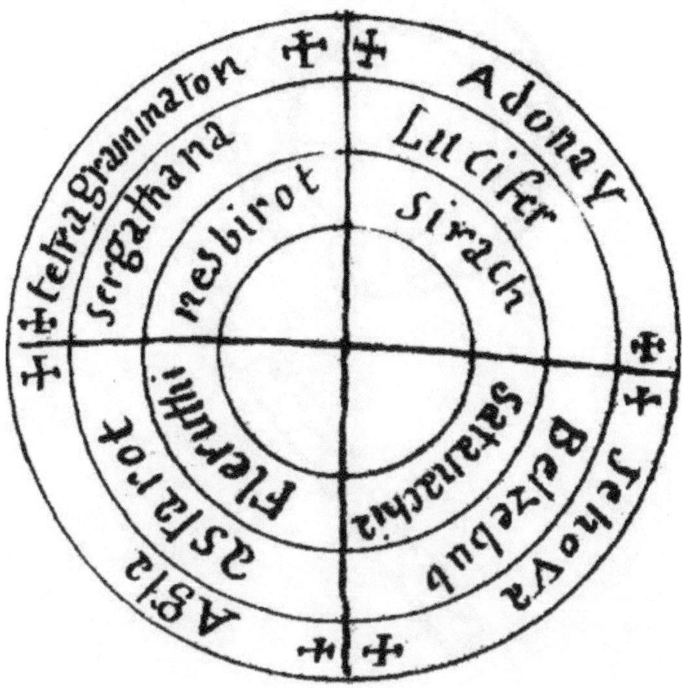

Schutzkreis zur Beschwörung des Luzifers und seiner Geister aus einer Handschrift des 17. Jahrhunderts, Bibliothek des Arsenal

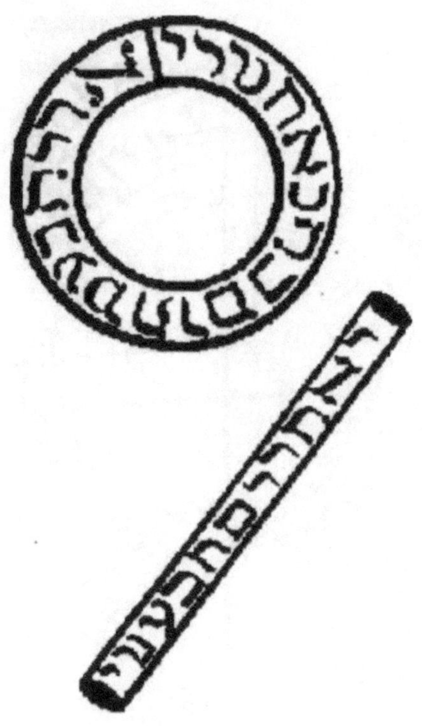

Magischer Schutzkreis und Zauberstab des Dr. Faustus mit eingezeichneten hebräischen Buchstaben

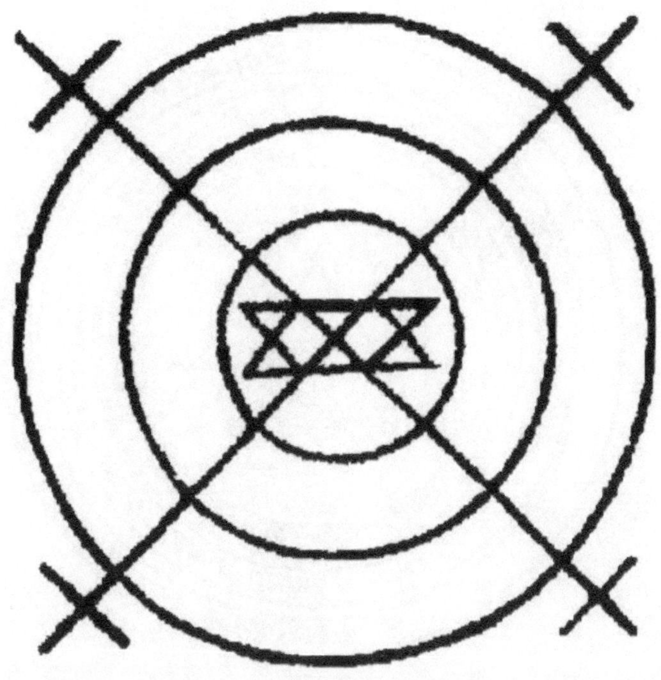

Zauberkreis aus einem Zauberbuch des 19. Jahrhunderts, nach der Tradition von „Dr. Faustens dreifacher Höllenzwang". Seit dem 16. Jahrhundert werden Geisterbeschwörungen unter dem Titel „Höllenzwänge" zusammengefasst.

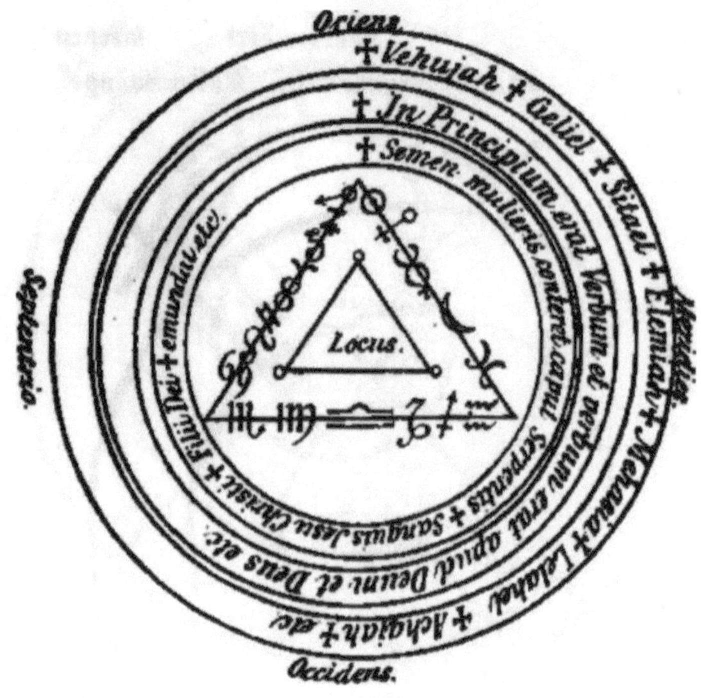

Zauberkreis aus "Dr. Faustens dreifacher Höllenzwang"

Die Herstellung dieses Kreises ist ziemlich schwierig. Er muss aus Blech geschnitten werden. Bei jedem Hammerschlag muss gesprochen werden: ‚stark gemacht gegen alle bösen Geister und den Teufel!" Das Dreieck in der Mitte soll ans Ketten gebildet sein, die von einem Galgen stammen, und es soll mit Nägeln befestigt werden, die in der Stirn hingerichteter Verbrecher steckten, deren Glieder auf dem Rade gebrochen wurden. Dann muss der Zauberer Gebete an Gott sprechen, die durch

Ausrufe aller Art unterbrochen werden: „yn ge tu y ge sy San mim ta chu." Die Beschwörung: „Du Hund der Hölle, du Geist, hinabgestürzt in den Abgrund der ewigen Verdammnis, sieh mich mutig inmitten der Horden teuflischer Furien stehen!" Dreimal muss die Beschwörung wiederholt werden, bis der Teufel die Wünsche des Beschwörers erfüllt, dann wird er unter Drohungen weggeschickt.

Zauberkreis aus „Dr. Fausts großer und mächtiger Seegeist", 1692
Abbildung des Zauberkreises aus „Dr. Fausts

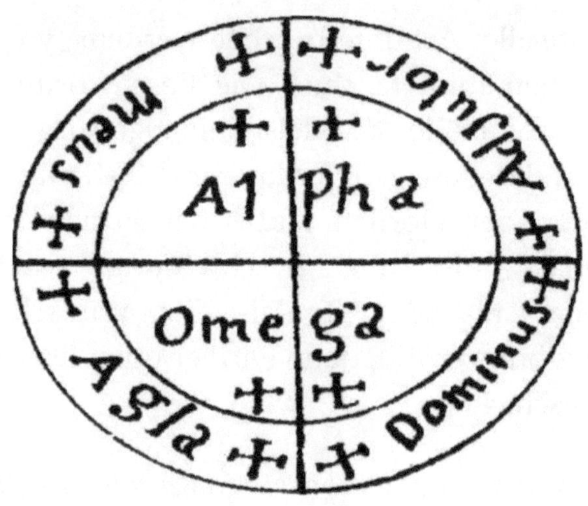

Schutzkreis, ähnliche Kreise finden sich in Zauberbüchern des 18. und 19. Jahrhunderts, als Quelle ist häufig Agrippa angegeben

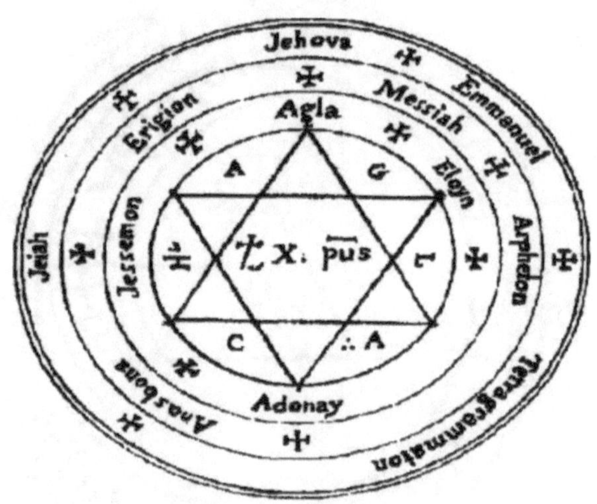

Großer magischer Kreis zur Dämonenbeschwörung aus dem Grimoire des Papstes Honorius

Kreis aus „Herpentils Schwarze Magie"

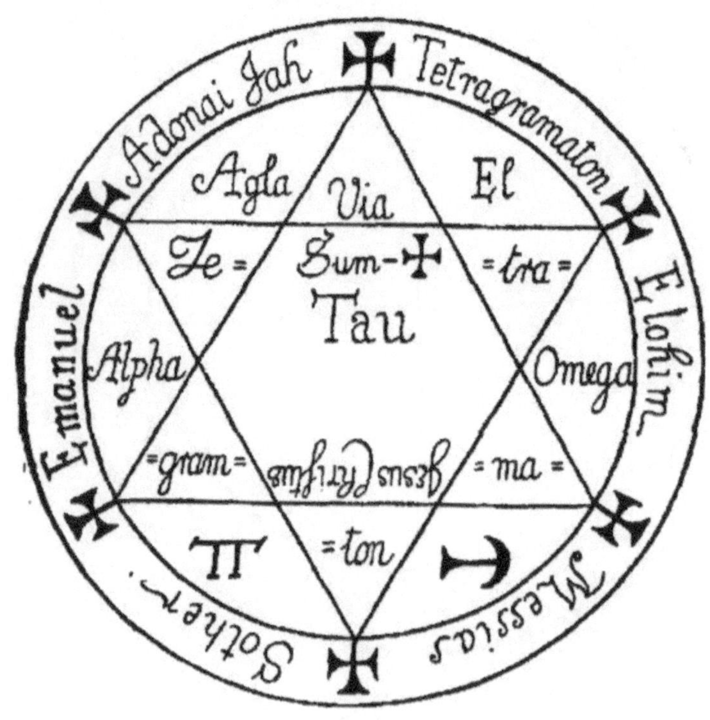

Schutzkreis mit dem Siegel Salomons

Schutzkreis aus den "Schlüsseln Salomons"

Beispiel eines Schutzkreises nach Aleister Crowley:

Der Zauberstab

Der Zauberstab repräsentiert den magischen Willen; das Schwert wehrt ab und dient dem Schutz und der Verteidigung, der Stab aber zieht an. Daher verwendet man ihn zum Herbeirufen von Geistern und Dämonen. Man fertigt ihn am besten ans einem ca. 2 cm dicken und 50 cm langen ganz geraden Ast, z.B. Holunder oder Haselnuss. Die Länge des

Zauberstabes sollte den Arm des Magiers nicht überschreiten. Man schneidet ihn vor Sonnenaufgang oder im Augenblick des Erblühens mit einem einzigen Schnitt des magischen Messers ab. Diesen Ast durchstößt man der Länge nach ohne ihn dabei zu spalten. Dazu nimmt man einen heißen Kupferdraht, den man im entstandenen Hohlraum belässt. Die Weihung muss 7 Tage dauern und wird bei Neumond begonnen. Dazu macht man täglich ein Ritual, bei dem man sich auf die Vorstellung konzentriert, dass mit dem Gebrauch des Zauberstabes alle Stoffe, die man wünscht, angezogen werden und alle Geister gehorsam sind. Anschließend muss der Stab sorgfältig aufgehoben werden und darf auf gar keinen Fall von anderen aufgefunden oder berührt werden, sonst verliert er seine ganze Kraft.

Die meisten Magier haben nicht nur einen Stab, sondern für unterschiedliche Zwecke verschiedene, die sich durch Material und jeweils passende Beschriftung unterscheiden.

Zauberstab für Kristallkugeloperationen
Vorderseite: „AGLA ON TETRAGRAMATON" Auf
der Rückseite: „EGO ALPHA ET OMEGA"

Zauberstab Abb.2

Darauf sieht man die magische Formel: INRI
(IGNE NATURA RENOVATUR INTEGRA)

Wenn die Geister bei der Beschwörung nicht erscheinen oder gehorchen wollen, so muss man ihre Siegel mit dem Zauberstab peitschen. Nach dem „Höllenzwang" soll der dafür vorgesehene Zauberstab an einem Dienstag oder Donnerstag in der Martisstunde aus Wachholderholz geschnitten werden. Auf die eine Seite schnitzt man folgende Worte: „Des Weibes Samen soll der Schlange den Kopf zertreten.", auf die andere Seite: „Tod, wo ist dein Stachel, Hölle wo ist dein Sieg." Bei Ungehorsam soll man damit außerdem kreuzweise nach dem Geist hauen, aber ja nicht über den Kreis hinweg.

Das Schwert

Das Schwert oder der Dolch wird der Luft zugeschrieben. Es dient zum Auflösen und Ableiten. Bei dem Schwert ist auf eine angemessene Länge zu achten. Wenn die Schwertspitze den Boden berührt, muss der Griff noch bequem bis zur Hand höhe reichen. Es sollte weder zu lang noch zu kurz sein, da beides lächerlich wirken würde. Die Klinge sollte gerade sein. Der Griff kann aus Holz, Horn oder einem beliebigen anderen Material, mit Ausnahme eines leitenden Metalls, gefertigt sein, denn es dient ja zum Auflösen, zum Ableiten. Es hat dieselbe Wirkung wie ein Blitzableiter.

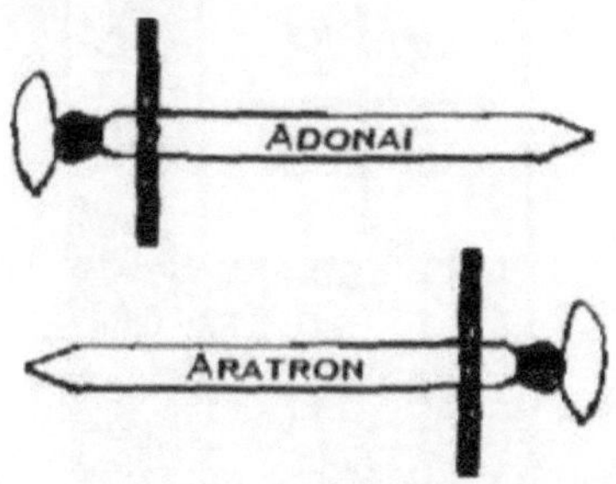

Abbildung magisches Schwert: Auf der Vorderseite steht ADONAI, auf der Rückseite ARATRON

Der Altar

Im Altar werden die magischen Geräte aufbewahrt. Als Material für den Altar kommt Eichenholz in Frage. Er sollte so hoch sein, dass er bis zum Nabel des Magiers reicht. Der unten abgebildete Altar besteht aus einem doppelten Würfel, die Außenfläche ist aus zehn Quadraten zusammengesetzt. Auf den Flächen können magische Symbole angebracht werden, aber jeder Magier sollte sich sein eigenes System von Symbolen ausarbeiten.

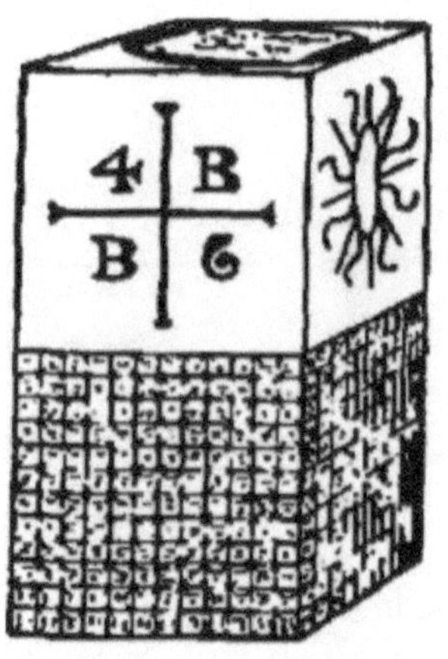

Der Altar nach Dr.Dee

Die magische Glocke

Die magische Glocke ist ein wichtiges Zubehör, sie vertreibt Geister bzw. zwingt sie herbei und erschreckt diese, da sie den Klang der Glocke nicht aushalten können. Sie besteht aus einer Mischung von sieben Metallen, die in besonderer Art zusammengeschmolzen werden. Zuerst wird während einer günstigen Stellung der Sonne und des Mondes Gold mit Silber verschmolzen, dann wird diesen beiden Zinn beigemengt, wenn Jupiter in erhabener Stellung ist. Blei fügt man unter günstigem Saturn hinzu und Quecksilber, Kupfer, Eisen, wenn Merkur, Venus und Mars günstig sind. Wenn die Metalle zusammengeschmolzen sind, soll man die Glocke gießen und dazu sprechen:
„Judices Regni infernalis, conjuro vos per potentiam ac singulares ut semper mortali obedientiam praestetis, quod vobis per hoc mandabitur." Der Klöppel bestand früher häufig aus Menschenknochen.
Die Abbildung zeigt die Glocke, welche mit heiligen Namen und Symbolen beschriftet ist. Auf dem Glockenkörper steht TETRAGRAMMATON und darüber in einer Linie die Namen der sieben Planetengeister mit den Symbolen der Planeten:

ARATRON für Saturn, BETHOR für Jupiter, PHALEG für Mars, OCH für die Sonne, HAGITH für Venus, OPHlEL für Merkur, Phuel für den Mond. Darüber ist der göttliche Name ADONAI geschrieben. Einige Magier sind in der Lage durch die Vermittlung der Glocke die Aufmerksamkeit derer auf weite Entfernung hin zu erregen, mit denen sie in Verbindung zu treten wünschen. Man kann auch wie bei Paracelsus lebende Menschen durch diese Glocke herbeizitieren. Zur Kontaktaufnahme mit dem Jenseits muss die Glocke sieben Tage lang auf dem Friedhof in die Mitte eines Grabes gestellt werden.

Die Glocke ist grundsätzlich nur in einem Zauberkreis zu läuten. Der Magier kann sie auch über dem Kreis aufhängen. Die herbeigerufenen Geister schlagen diese dann in einem bestimmten Rhythmus an.

Zauberglocke mit Planetenzeichen aus einem französischen
Zauberbuch des 18./19.
Jahrhunderts

Weiteres Gerät

Folgende Gegenstände werden ebenfalls benötigt. Diese Dinge müssen neu und ungebraucht sein.

Leuchter und Kerzen: Element Feuer

Totenschädel oder Erde: Element Erde

Kann man keinen Totenschädel beschaffen, behilft man sich mit Friedhofserde. Diese entnimmt man von einem möglichst alten Grab, und zwar von der Kopfseite des Grabes.

Räucherpfanne und Kerze: Das Räuchergefäß entspricht dem Element Luft und symbolisiert die Materialisation eines Geistes. Materialisation (Verdichtung) ist das Auftauchen eines Gegenstandes, einer Person oder eines Geistes aus dem Nichts. Will man einen Geist herbeirufen, muss man die für ihn notwendigen Vorbedingungen schaffen. Dazu macht man eine passende Räucherung. Welche Räuchermittel in Frage kommen, findet sich im entsprechenden Kapitel dieses Buches. Wasserglas oder Kristallkugel: Element Wasser

Das Wasserglas sollte ziemlich groß sein. Man stellt es bei destruktiven Ritualen auf, um zurückfallende negative Energie aufzufangen und somit von sich selbst fernzuhalten.

Über die Verschiedenen Arten der Magie

Schwarze Magie (Goetie) lässt sich als übersinnliches Wirken zu eigenem Besten definieren und umfasst Schadenzauber und die Erreichung der Ziele mit Hilfe von Dämonen und des Satans. Destruktive Magie ist gleichbedeutend mit schwarzer Magie, da sie zum Ziel hat, Menschen oder Besitztümer zu zerstören und das Leben anderer in irgendeiner Weise zu beeinträchtigen. Als weisse Magie bezeichnet man magische Praktiken, die in heilender oder sonst wie positiver Absicht ausgeübt werden. Der beabsichtigte Zauber wird mit der Unterstützung von Engeln oder guten Geistern erreicht. Außerdem wird die Abwehr von Dämonen oder des Bösen angestrebt.

In der hohen Magie wird die Kommunikation mit dem persönlichen Schutzengel oder höheren Selbst angestrebt. Niedere Magie ist Magie, die auf praktische oder häusliche Belange ausgerichtet ist. Sie soll z.B. zu einem neuen Geliebten, einer Glückssträhne oder einem besseren Arbeitsplatz verhelfen. Magische Praktiken, die einem selbstlosen Zweck dienen, gehören zur weißen Magie und die, welche sie anwenden, folgen dem sogenannten „Pfad der rechten Hand". Der Rechtshandpfad ist der Pfad des Lichts, Rechtshändigkeit wird mit Wahrheit und Licht assoziiert. Die Handlungen, die ein persönliches Ziel verfolgen, gehören zur schwarzen Magie und die, welche sie praktizieren, folgenden dem „Pfad der linken Hand". Der Linkshandpfad ist der Pfad der Dunkelheit, der mit dem Bösen und der schwarzen Magie zusammenhängt.

Magie lässt sich nach Art der Tätigkeit in drei Bereiche einteilen:

1. Anwendung des Ähnlichkeitsgesetzes
2. Nutzung fremder Energien (Dämonen)
3. Aktivierung eigener Energien

Sympathie-Magie beruht auf dem Gesetz der Ähnlichkeit. Wenn das Bild eines Menschen nach diesem Gesetz dem Original entspricht, kann man durch Beschädigung des Bildes gleichzeitig dem Menschen Schaden zufügen.

Kontakt-Magie geht davon aus, dass zwischen Dingen und Personen, die miteinander in Kontakt gestanden haben, von diesem Zeitpunkt an weiterhin ein geheimer Zusammenhang besteht.

In der Praxis benutzt man die Kombination der Sympathie-Magie mit der Kontakt-Magie, indem man z.B. ein Abbild des Opfers in Form einer

Wachsfigur herstellt und daran Haare der zu schädigenden Person befestigt.

Rituelle Magie (Ritual- oder Zeremonialmagie) ist die Bezeichnung für magische Handlungen, deren Ablauf aufgrund von Schriften oder geheimen Überlieferungen genau vorgeschrieben ist. Die genaue Befolgung des Rituals ist für den Erfolg entscheidend. Transzendentale Magie ist eine andere Bezeichnung für rituelle Magie. Die besondere Betonung liegt hier auf dem Erlebnis der Transzendenz bei der magischen Handlung. Als Theurgie wird die Geisterbeschwörung bezeichnet, zu der auch die Teufelsbeschwörung zählt. Eine Abart der Thenrgie ist die Nekromantie (Totenbeschwörung).

Ein Fluch

Eine Möglichkeit, jemanden mit einem Fluch zu belegen, ist die Anfertigung einer sogenannten "Hexengirlande". Dazu nimmt man eine Schnur und knüpft Knoten hinein, mit großer Konzentration auf das gewünschte Unglück, das den Menschen treffen soll. Bei jedem Knoten wiederholt man den Fluch und steckt eine schwarze Feder hinein: ‚Ich bitte dich, höre meinen Fluch, o Satan! Gib mir die Kraft für meine schreckliche Verdammung des .... (Name). Ich verfluche und Vernichte dich ... (Name)! Ich verfluche dein Leben und Vernichte dein Wesen! Bei der Macht des Satans verfluche ich dein Dasein und verbanne dich in die tiefste Hölle! Falle hinein in fürchterliche Qualen! O Satan, höre mich, die Erde soll ihn ersticken, denn mein sind ihre Kräfte! Das Feuer soll ihn quälen, denn mein ist seine Magie. Und die Luft soll nicht um ihn wehen, noch soll das Wasser ihn kühlen, sondern da sei nicht auszuhaltende Qual! Die Kraft meines Fluches soll für immer und ewig auf ihm sein und Gott soll ihn nicht hören, noch ihm jemals helfen. Der Fluch soll ihn Verfolgen auf immer und ewig!" Am besten ist es, die Hexengirlande in der näheren Umgebung des Menschen zu verstecken.

Ritual zum Anzaubern verschiedener Krankheiten

Je schwieriger und schauerlicher die Verrichtung eines Rituals, desto wirkungsvoller ist es, denn dadurch wird die Einbildungskraft verstärkt und die Anspannung gekräftigt. Zum folgenden Schadenzauber nimmt man ein Holz und lässt eine Spinne darauf kriechen. Dann legt man einen dünnen Faden über die Spinne, teilt sie mit diesem in zwei Teile und zieht den Faden durch die Spinne, damit er das Gift der Spinne in sich aufnimmt. Den Faden lässt man trocknen. Nach dieser Zeremonie nimmt man Wachs und macht daraus ein Abbild der Person, der man schaden will, so gut man kann, in böser giftiger Imagination wider den Menschen und in dessen Namen, dem man schaden will und steckt etwas Persönliches des Menschen daran (z.B. Haare). Wenn das Wachsbild fertig geformt ist, nimmt man den vergifteten Zauberfaden und bindet ihn fest um das Glied, das man an dem Menschen beschädigen will, so hat der Mensch ewige Schmerzen an dieser Stelle. Man spricht dazu mit leiser Stimme die Worte: ‚Ihr höllischen Mächte, verlasst Euren Wohnort im Verborgenen und bringt mir unter meine Gewalt den ... (Name des Menschen), im Namen des Satans!"

Ein Ritual der Bildzauberei

Zu dem folgenden Ritual nimmt man ebenfalls Wachs und macht daraus ein Abbild der Person, der man schaden will, so gut man kann, in böser giftiger Imagination wider den Menschen und in dessen Namen, dem man schaden will und steckt etwas Persönliches des Menschen daran (vorzugsweise Haare).

Bevor man sich an das weitere macht, muss man sich in besonders wütender Stimmung befinden. Nun konzentriert man sich auf dieses Gefühl und richtet seine Wut auf das Abbild. Dann macht man einen Spieß aus Eichenholz, sticht ihn voller Wut durch das Abbild und wendet es über dem Feuer herum wie einen Braten. Dazu spricht man einige Male leise oder im Geiste die Formel "Misere mei, Deus" rückwärts. Solange dieses bei dem Feuer ist, hat der Mensch, auf den es gemacht ist, große Angst, und wenn man es zu lange macht, muss dieser bald sterben.

Ritual der Behexung

Zu diesem Ritual weiht man Nägel, indem man sie mit zum Planeten Saturn passenden Räucherungen unter der Anrufung böser Geister beräuchert. Dann bastelt man eine Wachsfigur und setzt diese in Beziehung zu der Person, die man verwünschen will, indem ihre Haare oder Kleidung daran heftet. Nun gibt man der Figur den Namen des verhassten Menschen und sticht während dreier Tage jede Stunde die geweihten Nägel in die Figur, während man Verwünschungen und Flüche darüber ausstößt. Das Opfer beginnt dahinzusiechen und stirbt nach einiger Zeit an einer unbekannten Krankheit.

Ein weiteres Ritual der Bildzauberei

Man nimmt wie in den Vorangegangenen Ritualen Wachs, formt daraus den Menschen, dem man schaden will und schmückt die Figur mit etwas Persönlichem des Menschen. Zu dem Weiteren ist es ebenfalls wichtig, sich in besonders wütender Stimmung zu befinden, dann konzentriert man sich auf dieses Gefühl, richte seine Wut auf das Abbild und sticht einen Nagel, eine Nadel oder spitze Pflöckchen aus Eichenholz in das Wachsbild und alle Glieder. Danach weiht man es im Namen des Satans und vergräbt es unter der Haustür, wo der Mensch ein- und ausgehen muss, so empfindet er bald große Schmerzen, und wenn ihm nicht schnell geholfen wird, wird er bettlägerig und bekommt in allen Gliedern Schmerzen, in welche die Nadeln gesteckt wurden.

Ritual zur Bestrafung eines Unrechttäters

Zur Bestrafung eines Lügners, Diebes oder einer Person, die ein Unrecht begangen hat, kann man folgendes tun:
Als erstes muss ein Zauberstab aus einem Ast hergestellt und gemäß der Anleitung im

entsprechenden Kapitel dieses Buches geweiht werden. Auf dem Stab schreibt man anstelle von magischen Zeichen den folgenden Satz:

„Und es schüttet dein Heer aus über sie die Geißel der Strafe."

Dann verbrennt man etwas Weihrauch. Auf einen Zettel schreibt man den Namen der Person, Welche die Strafe verdient hat. Zwischen die Buchstaben schreibt man jeweils einen der folgenden Buchstaben: G, Z, K, S, Q, TH

Wenn es ein langer Name ist, können die Buchstaben mehrmals verwendet werden. Heißt die Person zum Beispiel Markus, schreibt man:

GMKAZRSKGUQSTH

Nun dreht man sich dreimal um den Zettel und spricht: „Und wenn ihr die Ungläubigen trefft, dann herunter mit dem Haupt, bis ihr ein Gemetzel unter ihnen angerichtet habt; dann schnüret die Bande."

Diesen Satz wiederholt man dreimal, dann hält man den Zettel über eine Schüssel und sagt: "Siehe, den Ungläubigen ist's gleich, ob du sie warnst oder nicht warnst, sie glauben nicht. Versiegelt hat Gott ihre Herzen und Ohren, und über ihre Augen ist eine Hülle, und für sie ist schwere Strafe. Und es schüttelt dein Herr über sie aus die Geißel der Strafe, siehe, dein Herr ist wahrlich auf der Wacht." Jetzt konzentriert man sich mit der ganzen Kraft seines Geistes auf die Strafe, die das Opfer treffen soll. Zur

Bekräftigung äußert man die Strafe laut in einem Satz, z.B.: "...(Name des Opfers) soll die Treppe herunterfallen und sich ein Bein brechen!" Schließlich zündet man den Zettel an, lässt ihn in die Schüssel fallen, gleichzeitig nimmt man den Zauberstab und schlägt ihn siebenmal auf die Schüssel, wobei jedes Mal der Spruch gesagt werden muss: "Und es schüttet dein Herr aus über sie die Geißel der Strafe."

Manipulation mittels Fußspur

Die Fußspur, welche ein Mensch oder ein Tier hinterlässt, steht im engen Zusammenhang mit diesem, sie ist ein Teil seiner Seele. Die Fußspur eines jeden Wesens ist ein mächtiges Zaubermittel aufgrund dieser anhaftenden Seelenkraft und wirkt von sich aus magisch. Manipulationen, die man auf die Fußspur ausübt, müssen daher den Mensch oder das Tier, zu dem sie gehört, treffen. Schlägt man einen Sargnagel in die Fußspur eines Menschen, so muss er sterben. Fegt man sie zusammen und hängt sie in einem Säckchen in fließendes Wasser oder gibt sie einer Leiche in den Mund, so muss er hinwegschwinden, schüttet man heiß Asche in die Fußspur, so muss er verbrennen.

Ist der Verursacher der Fußspur ein Zauberer, so kann man mit Hilfe der Spur seine ausgeübte

Behexung wieder aufheben oder sie von vornherein verhindern.

Um die Behexung aufzuheben, nimmt man etwas Erde, die sich vor der Haustür des mutmaßlichen Schadenstifters befindet, denn auf diese muss er getreten sein, und räuchert damit das Opfer, oder gibt diesem etwas von der Erde in Wasser zu trinken.

Gegen Krankheit

Um Kranke wieder gesund zu machen, ist das Begraben sehr wirkungsvoll. Dies geschieht, indem man Teile seines Körpers, z.B. Haare, Fingernägel, Zähne oder Sekrete wie Urin im Erdboden versenkt. Dazu geht man vor Sonnenaufgang oder nach Sonnenuntergang auf eine entlegene Wiese, wo niemand hinkommt, und schneidet mit dem Messer ein rundes Stück heraus. Dabei muss beachtet werden, dass es an der Nordseite nicht durchschnitten wird, aber aufzuklappen ist. In das Loch gibt man eine Handvoll Salz, schüttet den Urin oder die anderen Teile des Körpers darüber und klappt das Loch wieder zu. Dabei darf kein Wort gesprochen werden, und es muss an unterschiedlichen Stellen auf der Wiese dreimal an drei aufeinanderfolgenden Tagen wiederholt werden. Es darf kein Tageslicht in das Loch scheinen, sonst ist alle Mühe Vergebens.

Bei äußeren Erkrankungen kann man die erkrankte Stelle mit einem Gegenstand, am besten mit einem Stück Obst, bestreichen. Dieses vergräbt man an einem dunklen Ort, dessen Beschaffenheit die Verwesung fördert, denn so wie der Gegenstand verwest, vergeht die Krankheit. Geeignete Orte sind z.B. ein Ameisenhaufen oder Maulwurfshügel, oder man legt ihn zu einer Leiche in den Sarg, wo er verwest wie die Leiche.

Krankheiten vergräbt man auch gerne an einem Kreuzweg. Dazu trägt man den Gegenstand weit weg vom Haus an einen Kreuzweg, der möglichst einsam gelegen ist. Ein Kreuzweg ist überhaupt für alle möglichen Zauberwerke hervorragend geeignet, weil sich hier die Geister aufhalten, besonders um Mitternacht. Mit der christlichen Bedeutung des Kreuzes hat er jedoch nichts zu tun. Zu den Kreuzwegen gehören alle Orte, wo sich drei oder vier Wege spalten, also auch die gabelförmig sich spaltenden Wege.

Um den Urheber einer Behexung zu erkennen

Grab- und Friedhofserde ist besonders wirkungsvoll gegen Krankheit und Behexung, da sie mit den Toten in Beziehung steht und von der Kraft der Leichen durchtränkt ist.

Ein altes Zauberbuch gibt folgenden Rat, um den Urheber einer Behexung herauszufinden: Geh zwischen elf und zwölf Uhr nachts auf einen Friedhof und nimm ein wenig Erde vom zuletzt gegrabenen Grabe. Auf dem Rückweg wirst du ein lautes Geräusch hören, aber hüte dich davor, dich umzusehen oder auch nur eine Kopfbewegung zu machen. Kommst du an dem Haus dessen vorbei, der dich behext hat, erkennst du es durch das Geräusch, welches dort entsteht.

Gegen allerlei zauberische Einflüsse, Schaden und Zustände

Conradus gibt folgenden Ratschlag, „dass für allerlei zauberische Einflüsse, Schäden und Zustände man bei den zauberischen empfangenen Giften, wo sich am Leibe Schmerzen erzeigen, denselben Ort mit S. Johannis Oel schmiere und Wacholder zu einem Muss stoße, oder wo sie dürre im Wasser siede und darüber lege und auf 24 Stunden ungefähr darüber liegen lasse. Und wo zauberische Beulen aufwachsen, so soll man Wacholder-Saltz und zweimal so schwer gebratene Zwiebeln zusammen wohl untereinander stossen und auf ein Leinentüchlein gestrichen über den Schaden legen. Daneben soll auch der Patient von Wacholder-Körnlein, S. Johanniskraut oder Wohlgemuth trinken, so wird er gewiss wiederum genesen. Man kann auch von den Wacholderbeeren-Essenz dem so besessen oder bezaubert ist mit dem Wacholder Saltz und Oel vermischt in S. Johanniskraut Wasser täglich zu trinken geben; soll auch sehr ersprießlich seyn und ist durch die Erfahrung bewähret worden."+

Um ein Tier vor Behexung zu schützen

Um ein Tier vor Behexung zu schützen, muss man über einer Tasse mit Salz sagen:
„HEREGO GOMET HUNC GUERIDANS SESSERANT DELIBERANT AMEI"
Dann geht man dreimal um das Tier herum, im Osten beginnend und dem Lauf der Sonne folgend; dabei muss man das Tier immer vor sich haben; man wirft auf dasselbe einige Prisen von dem Salz und wiederholt dabei dieselben Worte.

Rituale zur Abkehr von Behexung

Gegen alle Arten der Behexung hilft es, einen Venus- oder Mondtalisman in einem mit Salz gefüllten Beutel bei sich zu tragen.

Hat man den Verdacht, das Opfer eines Schadenzaubers geworden zu sein, ist es ratsam, das Versteck der Zaubersubstanz, z.B. eines Wachsbildes, ausfindig zu machen und dieses so schnell wie möglich zu verbrennen oder unter fließendem Wasser zu zerstören. Dabei spricht man: ‚Alle Verwünschungen, Bannstrahlen und Marterqualen, auf welche Art auch immer gesendet durch meinen Feind ... (Name), sei es durch Kräuter, Worte, Steine oder Bilder, natürliche oder geistige, zerschlage ich, und alle diese Dinge sollen sich nun stattdessen über ihm selbst ausgießen." Ist der Zauber auf diese Weise abgewendet, richtet er sich gegen den Urheber. Wenn man sich nicht der Wachsfigur bemächtigen kann, muss man eine bessere Figur machen, alles, was möglich ist, von der behexten Person daran anbringen und der Figur sieben Talismane um den Hals hängen, von denen der mittlere ein großes Hexagramm mit einem Pentagramm ist. Dann spricht man täglich über der Figur die Beschwörung der Luft, Wasser-, Feuer-und Erdgeister, wodurch der Einfluss der Elementargeister (s. „Beschwörung der Elementargeister" im entsprechenden Kapitel dieses Buches) gewendet wird. anschließend reibt man sie mit einer Mischung aus Öl und Balsam leicht ein. Nach sieben Tagen verbrennt man die Figur, und dann ist sicher, dass die Wachsfigur des Schadenverursachers im gleichen Moment ihre Kraft Verlieren wird.

Der böse Blick

Nach alten magischen Überlieferungen ist das Auge mehr als nur ein Sehorgan. Es gilt als das Fenster der Seele, aus dem sich sowohl gute wie auch destruktive Kräfte der Seele entladen können. Der böse Blick kann Menschen, Pflanzen und Tiere zum Dahinwelken und Absterben bringen und Unglück aller Art hervorrufen. Zu erkennen ist er an einem besonders starren und stechenden Blick. Den bösen Blick haben nicht nur Menschen mit schlechten Absichten, insbesondere Neider, sondern auch Dämonen. Wirksame Abwehrmittel gegen den bösen Blick sind vor allem Augenamulette.
Ritual zur Verbannung von Spukgeistern aus Gebäuden

Im Höllenzwang heißt es dazu: Willst du einen Geist Verbannen aus einem Hause oder Gebäude oder sonsten wo, so mache es auf folgende Art: Kaufe dir einen neuen Besen und zünde ein Licht an, dessen Bereitung ich dir nachgehendes lehren werde, und kehre bei diesem angezündeten Lichte mit dem neuen Besen das ganze Hans ans. Wenn du Nunn mit dem Lichte auf die Stätte kommst, wo der Poltergeist sich aufhält, so wird das Licht Verlöschen, alsdann wird es augenblicklich anfangen zu heulen wie ein Hund, alsdann halte mit dem Kehren inne und lasse den Besen liegen. Aber du darfst nicht nach der Türe kehren, sondern Von der Türe ab, und sprich folgende Beschwörung dazu:

‚Ich, . (Name), beschwöre dich Geist Astaroth oder Fürsten derer Poltergeister, dass du mir den Geist behältst durch Anomisam Oomeosama Adebisda Haf Holosolidis Astaroth fix habidis. maxit, Lucifer, Kersertissa."

Und, wenn du diese Worte gesagt hast, so räuchere das ganze Hans aus mit diesem nachstehend beschriebenen Räucherwerke:

Nimm Wacholderholz, Kreuzdornholz, und von allen Türen, die im ganzen Gebäude seien, Späne, lege dieses alles auf glühende Kohlen, so kann der Geist nicht zu den Türen hinaus, sondern er muss zum Dachfenster hinausfahren in die Luft. Nimm aber dieses wohl in Acht, dass du ihn alsdann nicht hin bannest, wo Leute gehen müssen, sondern wo eine dicke Wildnis ist, und gib ihm zwölf Schuch in die Länge und in die Breite, und alles Vogel Viehe soll sein in dem Holze, wenn es ihm der Schöpfer erlauben und vergönnen will.

Das Licht zu machen

Nimm Unschliff Von einem schwarzen Ziegenböcklein, Drachenblut, Schwefel, Weihrauch und Mastix, Verlasse es alles in einem Schmelztiegel, und mache das

Licht am Tage und in der Stunde Luna. Und wenn der Geist aus dem Hause ausgefahren ist, und du hast ihm einen gewissen Ort angewiesen, den du vorher wissen musst, so binde ihn mit diesen Worten, und wenn du das Wort „bind" sagest, so musst du einen Strick bei dir haben und mache in demselben zu dem Worte „bind" einen Knoten und wirf ihn in den Circul, und binde ihn auf eine Zeit, solange es dir gefällt, mit diesen nachstehenden Worten:

„O Astaroth man binde mir diesen unruhigen Poltergeist mit Adamam mohi Siccorpof et

Eilius Mandadiel bind Nosmiamo Iama bind Liabaala bind amen."

Diese Bindung sprich dreimal."

Ritual zur Partnerzusammenführung

Das folgende Ritual ist geeignet, Liebe in einem Menschen zu erwecken, zu bekräftigen, oder einen weggegangenen Partner zurückzuholen. Das Ritual ist am besten etwa eine Stunde vor dem Treffen mit der betreffenden Person durchzuführen. Dazu besorgt man etwas, was die Person besonders gerne isst. Nun konzentriert man sich fest auf die geliebte Person und das Ergebnis, das der Zauber hervorbringen soll. Über dem Essen schreibt man währenddessen mit dem Zauberstab folgenden Spruch in die Luft: „BADDOU, EIQASCH, WADOUD, ARQASCH Liebe zwischen ... (Name) und ... (Name)." Dann spricht man: ‚Ich beschwöre dich BADDOU, bei dem gelobten Propheten, dem Sieger und Eroberer, dass du die Liebe und Zuneigung des ... zu wir erweckst. Führe sie zusammen wie du einst Adam und Eva, Josef und Salikha. Khadiga und Mohammad und alle anderen verliebten Menschen zusammengeführt hast." Das Ritual nimmt man mindestens an sieben Tagen hintereinander vor. Bei vorzeitigem Erfolg kann man früher abbrechen. Falls nach sieben Tagen noch kein Erfolg eingetreten ist, wiederholt man es weitere 21 Tage. Dann muss die geliebte Person auf jeden Fall zurückkommen.

Flugsalben-Rezepte

Eine Flugsalbe besteht aus einer Mischung von narkotischen Pflanzen wie Nachtschatten, Mohn, Zichorien, Schierling oder Wasserteppich, Fünffingerkraut und Tollkirsche oder Taumelloch, Bilsenkraut und Wolfsmilch, auch Eisenhut, Acker Wurz mit Fett (Kröten- oder häufig auch Kinderfett). Mit der Salbe rieben sich Hexen die Achselhöhlen ein und waren dadurch in der Lage, den Hexensabbat traumhaft zu erleben und mit Astralwesen zusammenzutreten.

In R. Scots „Discover of Witchcraft (1584) findet man dazu folgendes Rezept:

„Man nehme Kinderfeiste (Fett von Kindern) und siede es in einem Messingkessel mit Wasser, und nehme das oben schwimmende Fett ab, siede das andere aber stark ein und behalte es, bis die Gelegenheit sich böte, es zu verwenden. Hernach mische man diese Materialien mit Eptich, Wolffs Wurz, Pappelzweigen und Weihrauch.

Oder man nehme Wasser-Merrk, Acker Wurz, Fünff-Fingerkraut, Fledermans-Blut, Nachtschatten und Öl, stampft diese alle zusammen, und dann schmiert man alle Teile des Körpers ausgiebig, bis sie roth und sehr heiß, die Schweiss-Löchlein aber offen werden und das Fleisch locker wird. Dann tut man Öl darüber her, dass die Safte hinein dringen und die Wirkung desto stärker werde."

Hier noch ein weiteres Rezept, lateinisch wiedergegeben:

„Recipe: suim, acorum vulgare. pentaphylon, verspertillionis sanguinem soeanum somniferum et oleum, das ganze gekocht und bis zur Festigkeit der Salbe untereinander gemengt."

Symbolik der Edelsteine

Seit ältesten Zeiten werden bestimmten Steinen segen-oder auch verderbenbringende Kräfte zugesprochen. Bei den meisten Steinen überwiegt aber die Tendenz zum Guten.

Zu den Steinen, die den Träger positiv beeinflussen, gehören Amethyst, Bernstein, Gagat, Jade und Türkis. Als Unglückssteine gelten Mondstein, Onyx und Opal. Man legt sie auch Gegenständen bei, die man unter der Türschwelle eines Feindes vergräbt, um ihn mit einem Fluch zu belegen.

Nachfolgend sieht man eine Liste nebst Kommentaren zu jedem Stein.

Amethyst empfiehlt sich gegen Trunkenheit und (violett) Alkoholismus, schützt vor Schlangen und Gewürm, erhält Freundschaften, wenn beide Partner diesen Stein tragen. Gibt jedoch einer den Stein weiter oder verliert ihn, so wird die Freundschaft bald zerbrechen. Für das Tragen von Amethyst Ringen gilt: Um die magischen Kräfte voll zu nutzen, sollte er nach alter Vorschrift am dritten Finger der linken Hand getragen werden. Wird der Stein mit Speichel befeuchtet und damit Flecken und Pusteln im Gesicht bestrichen, verschwinden diese.

Bernstein

Bernstein ist verhältnismäßig stark mit (gelb) Elektrizität geladen, sprüht Funken, wenn er gerieben wird und hat gewisse magnetische Eigenschaften, was zu bemerken ist, wenn er durch Reiben erwärmt wird. Der Stein ist gut gegen Halsleiden und geschwollene Mandeln. Als Ring hilft er gegen Rheumatismus, als Armband heilt er Ohrenschmerzen.

Granat

Schutzmittel gegen teuflische Einflüsse (rot) und alles Böse, sowie Blitzschlag. Hyazinth Gegen Schlaflosigkeit, stärkt die (durch- Herzkraft, verjagt Eifersucht, gibt sichtig, Schutz auf Reisen, schützt gegen Diebe gelb-rot) und Unfälle.

Jaspis

Gegen Magenschmerzen, Übelkeit und (grün) Blutungen. Dazu ist eine Kette aus diesen Steinen zu tragen, welche die Magengrube berührt.

Karneol

Schutzstein gegen alle Gifte und (blutrot plötzlich auftretende Unfälle, vertreibt bis Schwermut und

Furcht, 4-10 Tropfen rötlich- der Essenz von diesem Stein in weiß) destilliertem Wasser eingenommen, stärkt das Gedächtnis und hilft gegen die Folgen von allzu großer Aufregung.

Lapislazuli

Freundschaftsstein, der gegen allerlei (blau) böse Einflüsse schützt, hilft erwärmt aufgelegt gegen geschwollene Glieder und schmerzhafte Nervenstellen, gegen Schlaganfall, Blutarmut, Hautkrankheiten, vertreibt Melancholie und gibt einen gesunden, tiefen Schlaf.

Mondstein

Bringt, an Obstbäume gehängt, (bläulich, reichlich Frucht. milchig) Onyx Der Onyx wird als Unglücksstein bezeichnet, wohl wegen seiner schwarzen Bänder, er bringt Feindschaft, ruft im Traum schreckliche Qualen und Kummer hervor, daher ein geeigneter Stein zum Vergraben in der Nähe des Feindes zusammen mit behexten Utensilien.

Opal

Der Opal hat mehr schlechte als gute (Stein mit Eigenschaften, es ist ein Unglücksstein, Eigentum- er

wirkt wie der böse Blick selbst, hat
andererseits aber auch heilende Wirkung auf
die Augen.

(lichen Farben-spiel)

Rubin

Er wird als Amulett gegen Gift, Sorgen (rot) und böse
Geister getragen, weil diese seine Strahlen fürchten,
Mittel gegen jeden Zauber, vertreibt Übelwollen,
innerlich genommen verhindert er Fäulnis und
Zersetzung der Organe.

Saphir

Gegen Bezauberung und Neid, vertreibt (blau)
Krankheiten, alle körperlichen Störungen und den
Tod.

Smaragd

Sein Besitzer ist sicher vor Lug und (grün) Trug, denn
der Stein verliert seinen Glanz, sobald sich jemand
mit derartigen Absichten nähert. Der Smaragd ist ein
Heilmittel bei kranken Augen und
Nierenkrankheiten, Vernichtet dämonische Einflüsse
und verschafft Wohlbefinden.

Topas

Bei herannahendem Gewitter wird der (farblos) Stein elektrisch und übt auf den Träger eigenartige Wirkungen aus: Einige können prophetisch allerlei Ereignisse voraussehen, bei anderen fördert er in anderer Weise das Verständnis für okkulte Dinge. Außerdem wird er als Mittel gegen nächtliche Schrecknisse und plötzlichen Tod geschätzt.

Türkis

Wirksames Mittel gegen den bösen (himmel- Blick, verhindert Mord oder zufälligen blau) Tod. Der Türkis hat die seltsame Eigenschaft, eine grüne Färbung anzunehmen, sobald sein Träger krank wird, nimmt jedoch die ursprüngliche Farbe wieder an, sobald die Krankheit behoben ist. In Arabien gilt er als Vermittler von Geld und Gesundheit, wenn man ihn zur Jupiterstunde in die rechte Hand nimmt, starr ansieht und dabei seine Wünsche in den Stein hineinspricht.

Bei Urinretention hilft es, den Stein in kaltes Wasser zu tauchen, dieses einige Male damit umzurühren und das Wasser als Medizin zu trinken.

Wichtig: Die meisten Steine sind gefärbt oder irgendwie behandelt, daher Steine nicht allzu lange einlegen und solches Wasser nur mit Vorsicht Genießen.

Wahrsagekunst

Zur Vorhersagung künftiger Ereignisse lassen sich nach den dafür benutzten Hilfsmitteln folgende Arten der Wahrsagekunst unterscheiden:

Hilfsmittel:

Arthitomantie Zah1en

Astragalomantie Knochen

Astromantie Sterne

Axinomantie Beil

Belomantie Pfeil

Bibliomantie Bücher

Chiromantie Handlinien

Dactylomantie Ringe

Daphnomantie Lorbeer

Gastromantie wassergetüllte Gefäße

Geomantie Erde

Pyromantie Kreise

Hepatomantie Leber

Hippomantie Pferde

Hydromantie   Wasser

Hylomantie Holz

Kapnomantie Rauch

Kartomantie Spielkarten

Katoptromantie Spiegel

Kyhomantie Würfel

Lekanomantie Wasserschüssel

Lebenomantie Weihrauch

Lithomantie Stein

Lychnomantie .Lampe

Metoposkopie Stirn

Morphoskopie Gesta1t

Nektromantie Dämon

Oneiromantie Traum

Onychomantie Nägel

Ovomantie Eier

Ornithomantie Vögel

Pegomantie Wasser

Phyllomantie Blätter

Plumhumantie Bleiguss

Pyromantie Feuer

Rhahdomantie Stäbe

Sayomantie Toten

Stichomantie Buchstellen

edonomantie Worte
eromantie Lose
oskinomantie Seil
aniomantie Totenschädel
othomantie Gerste

Teratoskopie Wunderwerke
Trapezomantie Tisch
Xylomantie Zwerge
Zeromantie Wachs

Pendeln

Als Ort zum Pendeln kommt jeder Platz in Frage, an dem man ungestört ist. Als erstes sind von dem Platz, an dem die Operation durchgeführt werden soll, alle metallischen Dinge, Uhren, Ringe und elektrischen Geräte zu entfernen. Am besten ist es, die Versuche alleine durchzuführen, zumindest sollten nicht mehr Personen anwesend sein, als für die Operation benötigt werden. Diese müssen einen Mindestabstand von zwei Metern einhalten, dürfen nicht auf das Pendel sehen und nicht an die Pendeloperation denken, weder im positiven noch im negativen Sinne. Als Pendel kann man alle Gegenstände verwenden, die sich an einem Faden aufhängen lassen, zum Beispiel eine Nähnadel, einen Schlüssel, einen Edelstein, eine Perle, einen Anhänger an einer Kette, ein Medaillon oder einen Ring. Das Pendel sollte im Verhältnis zum Gewicht klein, länger als breit sein und möglichst in einer Spitze auslaufen, um genaue Ergebnisse zu erhalten. Als Faden kann man auch ein Haar verwenden, was günstig ist, da es kein Drehvermögen hat. Das Gewicht des Pendels sollte zwischen 25 bis 100 Gramm betragen, weil zu leichte Pendel störanfälliger sind. Als Pendellänge sind 15 bis 35 cm günstig, manchmal muss man es länger oder kurzer machen, um eindeutige Reaktionen zu erhalten.

Bevor man mit dem eigentlichen Pendelvorgang beginnt, ist es ratsam, zuerst eine Weile über der Vorstellung zu meditieren, dass die Operation durch nichts gestört wird, jegliches Zweifeln an den eigenen Fähigkeiten verhindert das Gelingen von Vornherein. Man setzt sich mit dem Gesicht in Richtung Süden und stützt den Ellenbogen auf, der Arm sollte nicht angespannt sein. In den Faden macht man eine Schlaufe und hängt ihn über den gekrümmten Mittelfinger der rechten Hand, bei Linkshändern umgekehrt. Bei besonders starken Schwingungen unterstützt man die Hand mit der anderen. Das Pendel kann Striche, Ellipsen, Kreise schwingen oder stillstehen. Es kann sich rechts oder links herum bewegen. Es kann auch eine bestimmte Anzahl Von Bewegungen machen und danach schnell zur Ruhe kommen. So gewinnt man Erkenntnisse in Zahlen, z.B. Zeit, Höhe, Tiefe etc. Früher dachte man, die Schwingungsbilder seien von allgemeiner Gültigkeit, Kreis bedeutete männlich, Ellipse: weiblich, senkrechte Bewegung: ja, waagerechte: nein. Dies ist jedoch nicht der Fall. Die Pendelreaktionen sind für jeden Pendler spezifisch. Daher muss anfangs herausgefunden werden, wie das Pendel in jedem Fall reagiert. Dazu nimmt man das Pendel zur Hand und stellt sich Fragen wie: Welche Schwingung steht für „ja", welche für „nein", welche für „kann ich nicht beantworten" und erstellt danach eine Liste, an der man sich für alle Zukunft orientiert.

Hat man sich soweit vorbereitet, ist es zum Beispiel möglich, versteckte Gegenstände oder Personen aufzufinden, wobei über einer Karte des Gebietes gependelt wird. Auch zum Herausfinden von Krankheiten kann das Pendel verwendet werden. Das Pendel wird dabei über die verschiedenen Körperfeile der erkrankten Person gehalten, und durch die Ausschläge kann man den Ort und die Diagnose der Krankheit ablesen. So schwingt das Pendel beispielsweise über gesunden Körperfeilen starke Kreise oder Ellipsen, über kranken kleinere, die mit zunehmendem Krankheitsgrade immer kleiner werden, Totes oder sehr Krankes wird meist mit Stillstand angezeigt, weil hier keine Ausstrahlung mehr stattfindet.

Schwingbewegungen: Striche, Kreise, Ellipsen

Zur Aufdeckung verborgener Krankheiten kann auch folgende Diagnosetabelle in Form eines Messblattes benutzt werden. In einem Kreis befindet sich das gleichseitige Dreieck mit den Eckpunkten A,

B und C. Bei der Verwendung dieses Messblattes wird die Basis des Dreiecks (AB) nach Norden gerichtet, während der Punkt C vor dem Magier liegt. Das Pendel wird über den Schnittpunkt der Winkelhalbierenden gehalten. Dieser liegt auf der Nulllinie (Verbindungslinie) des Punktes C mit dem Punkt D. Auf den Punkt A legt man eine Blutprobe, auf den Punkt B eine Organprobe des Patienten. Die Abweichung des Pendels von der Nulllinie CD zeigt eine Krankheit an, deren Intensität anhand der Gradeinteilung auf der Linie AB abgelesen werden kann.

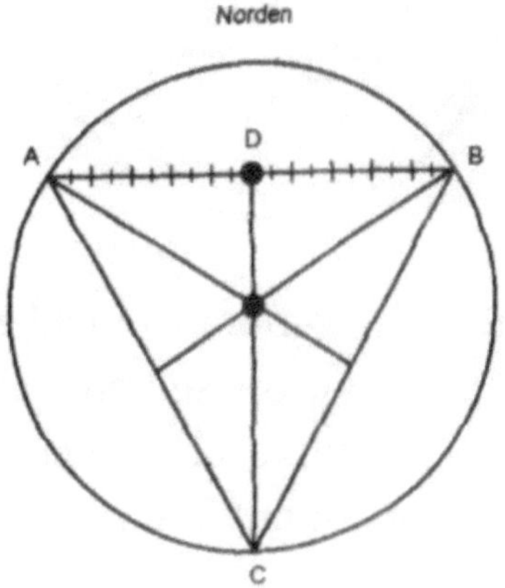

Des weiteren bietet Pendeln die Möglichkeit herauszufinden, ob eine Sache für eine Person günstig oder ungünstig ist, zum Beispiel ein Talisman, ein Amulett oder ein Medikament. Auf diese Weise lässt sich auch herausfinden, ob zwei Menschen zueinander passen. Dazu legt man den Gegenstand auf den Tisch und daneben ein Foto der Person. Nun sagt man sich: "Ist der Gegenstand für die Person günstig, so soll sie ein Kreis verbinden; ist er ungünstig, soll sie eine Strichbewegung des Pendels trennen; ist der Gegenstand neutral, soll das Pendel ruhig stehen."

Ob jemand mit dem Pendel brauchbare Ergebnisse erzielt, hängt erstens von seinen Fähigkeiten und seiner Übung ab, zweitens aber auch davon, ob ihm dieses spezielle Instrument liegt.

Amulette und Talismane

Das Wort Amulett wird von dem altlateinischen Wort „amoletum" abgeleitet, was Abwehrmittel bedeutet. Ein Amulett ist ein mit magischen Kräften ausgestatteter und passiv wirkender Gegenstand, der vom Menschen auf irgendeine Weise bei sich getragen wird oder an Türen, Bäumen und Gegenständen aller Art angebracht wird, um diese bzw. sich selbst vor schädlichen Einflüssen zu schützen.

Talismane sind von diesen zu unterscheiden und werden zu eigennützigen Zwecken gebraucht. Sie sind ein aktives Mittel, das dem Träger Glück und Erfolg in verschiedenen Dingen beschaffen soll. Man trägt sie sichtbar oder versteckt. Zur Heilung von Krankheiten Werden sie gewöhnlich möglichst nahe dem Sitz der Krankheit getragen. Zum allgemeinen Schutz und für bestimmte Zwecke Werden sie normalerweise um den Hals oder Arm getragen. Damit ein Talisman eine Wirkung auf eine Person ausübt, so dass diese dem Träger günstig gesinnt wird, z.B. bei Liebeszauber, muss er an einer sichtbaren Stelle getragen werden, damit er dem Betreffenden ins Auge fällt. Bei Tieren werden Amulette um den Hals gehängt, Wenn man Welche schützen will. Es ist auch möglich, mehrere Amulette gleichzeitig zum Schutz vor derselben Gefahr zu tragen, falls eines davon Versagen sollte. Fertigt man eine Amulett oder einen Talisman für eine andere Person, ist am besten, wenn man keine enge Beziehung zu dieser Person hat, denn jedes Gefühl für diese wirkt entgegen der eigenen Kraft. Ist dies aber der Fall, so ist es wichtig, sich von ihr zu isolieren und jegliche Gefühle zu entfernen, sonst ist man ständigem Kraftverlust ausgesetzt. Wird ein Amulett oder Talisman Vernichtet, so geht auch die Kraft verloren. Jedes Amulett bzw. jeder Talisman bedarf einer besonderen Pflege und Behandlung, damit er wirksam bleibt, denn ohne jene versagt er leicht. Die allmählich sich verringernden Kräfte müssen regelmäßig wieder aufgefrischt werden. Dies geschieht, indem man das Objekt erwärmt, beräuchert, bespuckt, anhaucht, mit Blut bespritzt etc. Gegen Krankheiten kann man auch Amulett Zettel wie eine Medizin einnehmen. Ein solcher Zettel hat die Größe von einem Zentimeter im Quadrat oder ist dreieckig. Darauf schreibt man magische Worte oder die Namen von

Geistwesen. Der Zettel wird in Brot oder Obst gesteckt, oder zu einer Kugel gerollt und Verschluckt. Man kann einen solchen Zettel auch Verbrennen, die Asche in Wasser streuen und dem Kranken zu trinken geben. Auch das abgewaschene Spiegelbild von Zaubersprüchen kann verwendet werden. Dazu wäscht man während der Reflexion die Spiegelfläche ab und fängt die verwendete Flüssigkeit auf, die anschließend getrunken werden muss. Geeignet als Zauberwort ist die Buchstabenfolge ABRACADABRA in Form schwindender Reihen. Wichtig ist, dass die

Buchstaben so geschrieben werden, dass sie ein verkehrtes Dreieck ergeben:

Für dieses Zauberwort gibt es eine Reihe von Deutungsversuchen. Die einen vermuten den Ursprung in dem antiken Zauberwort Abraxas, während andere glauben, es sei auf das hebräische Wort Abbra Kedabra zurückzuführen, was so viel bedeutet wie „Entfliehe diesem Wort gemäß!". Man kann es auf Papier oder Pergament schreiben und wie oben beschrieben Verschlucken oder den Zettel neun Tage lang um den Hals gebunden tragen und dann über die linke Schulter werfen, am besten in einen Bach hinein.

A
B
R
A
C
A
D
A
B
R
A
A
B
R
A
C
A
D
A
B
R
A
B
R
A
C
A

D
A
B
A
B
R
A
C
A
D
A
A
B
R
A
C
A
D
A
B
R
A
C
A
A
B
R

A
C
A
B
R
A
ABR
AB
A

Wie Amulette und Talismane durch Weihung wirkungsvoll gemacht werden

Amulette werden durch das Aussprechen eines Zauberspruches oder einer Beschwörungsformel darüber wirksam, aber auch durch darauf geschriebene Worte, Spruche und magische Zeichen. Man kann sie in Tontafeln ritzen, in Holz brennen, in Steine meißeln, in Silber-, Kupfer-, und Bleitafeln eingravieren, oder man schreibt sie auf Pergament, Schreibpapier, Seidenpapier oder Baumrinde. Gegebenenfalls wählt man die den Planeten zugeordneten Metalle, für Venus Kupfer, für Mars Eisen, für Jupiter Zinn, für Saturn Blei.

Zum Merkur gehört das Quecksilber, stattdessen nimmt man aber das neutral für alle Planeten zu gebrauchende Silber. Wenn Papier verwendet wird, ist als Tinte besonders geeignet: Rosenwasser, Orangenblütenwasser, schwarze Tinte oder Blut, möglichst von einer weißen Taube. Am wirkungsvollsten sind Amulette, wenn sie in den 14 hellen Tagen des Mondmonats geweiht werden. Zuerst muss das Amulett bzw. der Talisman durch Beräuchert mit Weihrauch von schädlichen Einflüssen befreit werden. Bei diesem Vorgang muss über der Vorstellung meditiert werden, dass alles, was dem Objekt Fremdes anhaftet, vollständig entfernt wird. Je fester man davon überzeugt ist, desto besser ist die Wirkung. Dieser Vorgang kann mehrmals wiederholt werden.

So vorbereitet kann man seine Kraft auf das Amulett überfragen. Dies geschieht durch Konzentration des Willens und der Gedanken auf den Zweck des Amulettes, unterstützt durch das Anhauchen des Objektes. Auf diese Weise belädt man es mit den Eigenschaften, die es wieder ausstrahlen soll, z.B. Furchtlosigkeit, Erfolg etc.

Eine weitere Methode des Aufladens ist folgende: Das Objekt wird in die linke Hand genommen. Man hält die Fingerspitzen der rechten darüber und konzentriert sich auf die Vorstellung, dass die gewünschten Eigenschaften des Amulettes oder des

Talismans wie ein feiner Strom aus der rechten Hand strömen und so den Gegenstand beladen. Man prüft vor- und nachher mit dem Pendel, ob ein Unterschied bemerkbar ist. Die Wirksamkeit eines Amulettes hängt zum großen Teil von der Macht des Weihenden ab. Die Nichtbeachtung irgendeiner der erklärten Vorschriften verhindert die Wirksamkeit des Amulettes. Es folgen nun Abbildungen von Amuletten und Talismanen mit wirkungsvollen magischen Zeichen.

Liebestalisman

Dieser Venus-Talisman verschafft dem Besitzer die Liebe von Männern und Frauen. Nach Paracelsus leistet er auch bei der Versöhnung mit einem Feind gute Dienste. Die größten Feindschaften werden versöhnt, wenn man zu diesem Zweck dem Gegner ein Getränk reicht, in das man vorher den Talisman gelegt hat.

Der Talisman besteht aus einer runden Platte aus Kupfer, also aus dem Metall, das der Venus zugehört. Auf der einen Seite zeigt er Venus mit Cupido, dem römischen Liebesgott, auf der anderen Seite ein magisches Quadrat. Der Talisman sollte an einem Freitag geweiht werden und zwar dann, wenn die Venus eine günstige Stellung zum Jupiter hat.

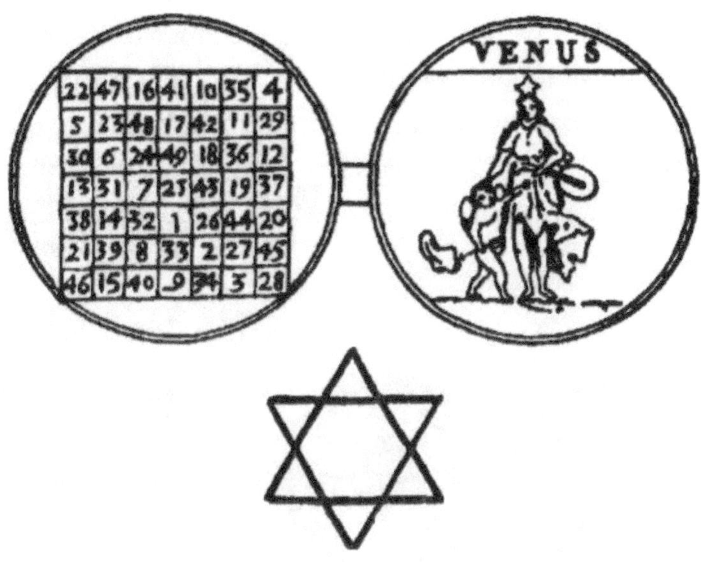

Das Siegel Salomons

Dieses Zeichen ist ein Sechseck, ein Hexagramm. König Salomon verwendete es zur Beherrschung der Geister, Menschen und Tiere. Es ist ein sehr altes Symbol und gehört bei den Talismanen zu den allerwirksamsten. Das Zeichen besteht aus zwei ineinander verschobenen Dreiecken. Im weitesten Sinne stellt die oberste Spitze das Gute, die abwärts gerichtete das Böse dar. Das eine Dreieck verkörpert Gott, das andere den Teufel.

Magier bringen das Zeichen oft auf ihrer Ausrüstung an, z.B. auf Zaubermänteln und Hüten. Man findet es auch als Zeichen der Macht in magischen Büchern. Als Talisman getragen schützt es auf Reisen vor Gefahren und bewahrt den Träger allgemein vor schädlichen Einflüssen ans der Welt des Okkultismus.

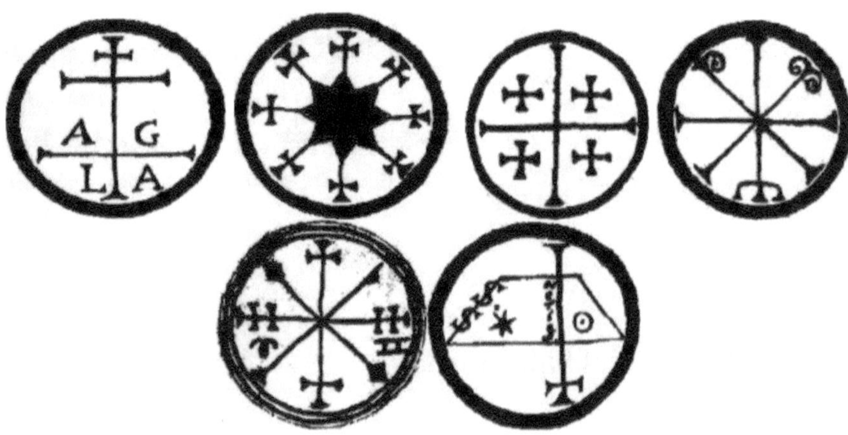

Zauberkräftige Siegel aus der ältesten bekannten Zauberrolle at.1594
"Für Vergiftungen" "Ehre und Reichtum" "Das Einer im Streit
oder vor "Das Einer von den Leuten Gericht nicht überwunden
werde" geliebt werde" "Für Armut und Trübsal" "Für den bösen
Geist"

Runen

Runen sind Schriftzeichen altgermanischen Ursprungs, die Ende des zweiten Jahrhunderts vor Christus entstanden, aber auch Symbole kosmischer Strahlungskräfte. Es sind Zauberzeichen, die „in rechter Weise geritzt" auf Metall, Knochen oder Stein als Talismane und Amulette oder auch für Wahrsagung und Zauberei benutzt werden.

Die erste Rune „Fa" Vermittelt für den Gebrauch auf Talismanen und Amuletten Beharrlichkeit und Beständigkeit im Leben.

Die zweite Rune „Ur" stärkt bei ihrem Träger das eigene Ich und hilft es zu Verstehen.

Die dritte Rune „Thorn" stärkt den Willen.

Die vierte Rune „Os" stärkt die Atmung, die Redekraft und das Selbstbewusstsein.

Die fünfte Rune „Rit" dient als Schutz gegen Unrecht.

Die sechste Rune „Ka" stärkt alle Kräfte bei der Ausübung von Künsten, alchemistischen und astrologischen Arbeiten. Außerdem hilft sie bei der Entwicklung von magischen Fähigkeiten. Die siebte Rune „Hagall" ist die höchste, wichtigste und Vollkommene Rune der ganzen Reihe. Sie umfasst alle anderen Runen und schließt deren Bedeutungen in sich ein. Sie ist der Schlüssel zur Magie, astralen Wanderungen, Hellsehen etc. Sie hat eine stark ausstrahlende Wirkung, sowohl im positiven als auch im negativen Sinn und wird auch für schwarzmagische Zwecke verwendet. Diese Rune hängt mit der All-Raune zusammen, der Wunderwurzel, die sehr berühmt ist, weil sie magische und übersinnliche Fähigkeiten verleiht.

Die achte Rune „Noth", neunte Rune „Is" und die zehnte Rune „Ar" haben als Talisman keine Bedeutung.

Die elfte Rune „Sig" gibt Kraft im Kampf und den Sieg mit geistigen und körperlichen Mitteln.

Die zwölfte Rune „Tyr" Verschafft Reichtum, Überfluss und gilt als Glücksbringer und Abwehr gegen den bösen Blick.

Die dreizehnte Rune „Bar" und die vierzehnte Rune „Laf" kommen auf Talismanen kaum vor.

Die fünfzehnte Rune „Man" stärkt alle geistigen und körperlichen Kräfte.

Die sechzehnte Rune „Yr" wird auf Talismanen nicht Verwendet.

Die siebzehnte Rune „Eh" bindet zwei Menschen aneinander, wenn sie die gleichen Talismane mit dieser Rune tragen.

Die achtzehnte Rune „Gibor" schließlich hat kaum magische Wirkungen.

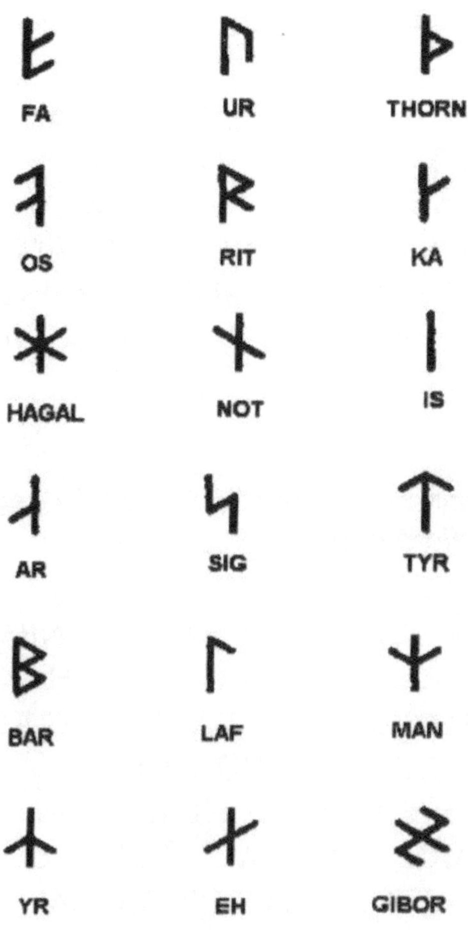

Abbildung der Runen

Zaubersprüche aus dem Necronomicon

Das Necronomicon, dessen ursprünglicher arabischer Titel „AI Azif" lautet, ist ein Zauberbuch der schwarzen Magie, das nach Meinung des englischen Schriftstellers Lovecraft (1090-1937) von einem Araber namens Abdul Alhazred verfasst sein soll. Es enthält Beschwörungen und Siegel zahlreicher Geister.

Der Exorzismus BARRA EDINNAZU gegen Geister, die den Kreis angreifen

ZI ANNA KANPA! ZI KI A KANPA! GALLU BARRA! NAMTAR BARRA! ASCHAK BARRA! GIGIM BARRA! ALAL BARRA! TELAL BARRA! MASQIM BARRA! UTUQ BARRA! IDPA BARRA! LALARTU BARRA! LALLASSU BARRA! AKHKHARU BARRA! URUKKU BARRA! KIELGALAL BARRA! LILITU BARRA!
UTUQ XUL EDIN NA ZU!
ALLAXULEDINNAZU!
GIGIMXULEDINNAZU!
MULLA XUL EDIN NA ZU!
DINGIRXULEDINNAZU!
MASQIM XUL EDIN NA ZU!
BARRA!

EDINNAZU!
ZI ANNA KANPA! ZI KIA KANPA!

Ein Bannzauber gegen böse Zauberer

Man nimmt einen Strick und knüpft zehn Knuten hinein. Bei jeder Zeile der Beschwörung, die gesprochen wird, muss einer der Knuten gelöst werden. Danach wirft man den Strick in die Flammen.

SSALMANI-IAANA   PAGRI
TAPQIDA DUPPIRA SSALMANI-
IAANA   PAGRI   TAXIRA
DUPPIRA
SSALMANI-IA   ITI   PAGRI   TUSCHNI-ILLA
DUPPIRA
SSALMANI   INI   ISCHDI   PAGRI
TUSCHNI-ILLA   DUPPIRA
SSALMANI-IA   QIMAX   PAGRI
TAQBIRA DUPPIRA
SSALMANI-IA   ANA   QULQULLATI
TAPQIDA   DUPPIRA   SSALMANI-IA
INA IGARI TAPXA-A DUPPIRA
SSALMANI-IA INA ASKUPPATI
TUSCHNI-ILLA DUPPIRA SSALMANI-
IA INA BI^SCHA DURI TAPXA-A

DUPPIRA SSALMANI-IAANA
GISCHBAR TAPQIDA DUPPIRA!

Übersetzung:

Meine Bilder habt ihr den Toten übergeben, kehrt
um!

Meine Bilder habt ihr bei den Toten gesehen, kehrt
um!

Meine Bilder habt ihr zur Seite der Toten geworfen,
kehrt um!

Meine Bilder habt ihr auf den Boden der Toten
geworfen, kehrt um!

Meine Bilder habt ihr im Sarg der Toten begraben,
kehrt um!

Meine Bilder habt ihr der Zerstörung überlassen,
kehrt um!

Meine Bilder habt ihr mit Mauern eingeschlossen,
kehrt um!

Meine Bilder habt ihr auf der Türschwelle
niedergestreckt, kehrt um!

Meine Bilder habt ihr ins Tor der
Mauer eingeschlossen, kehrt um!

Meine Bilder habt ihr dem
Feuergott übergeben, kehrt um!

Zauberspruch, um die Liebe einer Frau zu gewinnen

Der folgende Spruch muss dreimal über einen Apfel gesungen werden, den man anschließend der begehrten Person anbietet:

MUNUS SIGSIGGA AG BARA YE
INNIN AGGISCH XASCHXUR GISCHNU URMA
SCHAZIGABARAYE
ZIGASCHUBBA NA AGSISCHAMAZIGA
NAMZA YE INNIN DURRE
ESCH   AKKI
UGUAGBAANDAGUB!

Bannzauber

Der Zauberspruch soll dem Feind Bestürzung bringen und seine Gedanken verwirren. Außerdem soll er verhindern, dass ein böser Zauberer seine gewünschten Ziele erreicht, stattdessen sollen diese hinwegschmelzen wie Wachs und Honig.

SCHADU YU LIKTUM KUNUSCHI SCHADU YU
LIKLA KUNUSCHI SCHADU YU
LINI YIX KUNUSCHI SCHADU YU LI YIXSI
KUNUSCHI SCHADU YU LITE KUNUSCHI
SCHADU YU LINI KUNUSCHI SCHADU YU LINIR
KUNUSCHI SCHADU YU LIKATTIN KUNUSCHI

SCHADU YU DANNU ELIKUNU LIMQUT INA
ZUMRI YA LU YU TAPPARRASAMA!

Die Übersetzung:

Der Berg möge euch überwältigen!
Der Berg möge euch zurückhalten!
Der Berg möge euch bezwingen!
Der Berg möge euch schrecken!
Der Berg möge euch erschüttern!
Der Berg möge euch hemmen!
Der Berg möge euch unterjochen!
Der Berg möge euch bedecken!
Der gewaltige Berg möge über euch fallen!
Von meinem Körper möget ihr fern gehalten werden!

Fluch, um dem Feind eine Krankheit anzuhexen

Über eine Wachspuppe muss gesprochen werden:
AZAG GALRA SAGBI MU UNNA TE
NAMTAR GALRA ZIBI MU UNNA TE
UT
UK
XU
L
GU
BI
MU
UN
NA

TE
AL
A
XU
L
GA
BI
MU
UN
NA
TE
GIGIM XUL IBBI MU UNNA TE
GALLA XUL KADBI MU UNNA TE
DINGIR XUL GIRBI MU UNNA TE
I MINABI-ENE TASCHBI ABA-ANDIBBI-ESCH!

Der Sturz des Satans und der anderen abtrünnigen Engel aus dem Himmel

Die Engel sind die Erstlinge der Schöpfung Gottes. Als Gott den Engeln seinen Plan von der zukünftigen Welt vorführte, lies er sie wissen, dass der Mensch darin unter allen Geschöpfen eine besondere Stellung einnehmen werde, da er den Menschen unmittelbar nach seinem eigenen Bild erschaffen werde. Außerdem sollten die Engel den künftigen Gottessohn in Menschengestalt demütig verehren und den Menschen dienen. Satanael, dem ursprünglich höchsten der Engel, erschien diese geforderte Beugung vor dem Menschen, in dessen Gestalt sich Gott verhüllen wollte, als Erniedrigung. Von Neid und Hass erfüllt wollte er Gott nicht länger gehorchen, sondern sich selbst zum Gott setzen. In seinem Stotz dachte er sich: ‚Ich werde meinen Thron im Himmel auf die Wolken setzen und dem Allmächtigen gleich werden." Er rief die Engelscharen zum Abfall von Gott und zur Treulosigkeit auf. Dadurch entstand die Spaltung im Engelreich: Zusammen mit Satanael fiel ein Drittel der Engel von ihm überredet, nicht aber gezwungen, von Gott ab. Die treubleibenden Engel trafen unwiderruflich eine Entscheidung zum Guten, und die abgefallenen Engel entschieden sich unwiderruflich zum Bösen. Eine Änderung der Gesinnung ist bei Engeln unmöglich, denn sie erfassen alle möglichen Motive und alle Folgen der Entscheidung gleichsam mit einem Blick, so dass kein Irrtum entstehen kann. Die abgefallenen Engel stammen ans allen Engel-Chören, ans den unteren aber zahlreicher als aus den oberen. An der Spitze der Ordnung übte Satanael eine Art Befehlsgewalt über „seine Engel" aus. Als Strafe für den Abfall folgte für Satanael und die übrigen die ewige Verdammung: Gott erteilte dem Engel Micha den Auftrag, Satanael samt seiner aufrührerischen Engel aus dem Himmel zu stoßen. Dafür erhob er Micha zum obersten aller Engel und gab ihm den Rang Satanaels. Als Zeichen der Gottverbundenheit wurde sein Name Micha in Michael umgewandelt, denn die Schlusssilbe „el" bedeutet „Gott". Satanael hieß von diesem Zeitpunkt ab nur noch Satan. Der Engelsturz aus dem Himmel führte direkt in die Hölle, dem eigentlichen Aufenthaltsort der gefallenen Engel, die sich aber auch außerhalb aufhalten können. Die Höllenstrafen bestehen in dem Verlust der beseligenden Anschauung Gottes als Hauptstrafe und der sogenannten Feuerstrafe, welche mittels eines wirklichen, aber dem irdischen nicht ganz gleichartigen Feuer die Eigenschaft hat, die gefallenen Engel zu binden und in der Ausführung ihres eigenen Willens zu behindern. Die Dämonen unterliegen auch außerhalb der Hölle dieser Bindung. Die Strafen sind ewig, wie die Hölle selbst.

Die Hierarchie der bösen Geister

Es haben die Geister unter sich gewisse Stufen, es sind unter ihnen Oberhäupter, Bediente, Diener, dienstbare Geister und dergleichen, bei denen einer über den anderen zu befehlen und dieser zu gehorchen hat. Es ist nötig, dies genau zu wissen, damit man einen Unterschied unter ihnen machen kann und jeden Geist nach seinem Stand behandelt und nicht etwas verlangt, was nicht in dessen Macht steht. So muss man also genau überlegen, mit wem man umgeht.

Sieben Verschiedene Wohnorte sind in der Hölle, worin sich die unterirdischen Geister und Teufel aufhalten:

Die Hölle, Pforte des Todes, Schatten des Todes, der Hafen des Untergangs, der Tod des Lumpenpacks, das Verderben und der Abgrund.

Die vier Flüsse der Hölle sind:

Phlegeton, Cocythis, Styx, Acheron.
Es gibt acht Qualen der Verdammten, nämlich:
Das Gefängnis, die Grube, da kein Wasser inne ist,
der ewige Tod, das Gericht, der Zorn Gottes, die
Verstossung von Gottes Angesicht, Höllenqual,
Höllenangst.

Folgendermaßen werden die Dämonen den
Himmelsrichtungen zugeschrieben:
Luzifer regiert im Osten, Beelzebub im Norden,
Belial im Süden, Astaroth im Westen.
Folgendermaßen werden die Dämonen den sieben
Todsünden zugeschrieben:

Luzifer -- Stolz Mammon -- Geiz Asmodeus --
Unkeuschheit Satan - Zorn Beelzebub -- Unmäßigkeit
Leviathan - Neid Belphegor – Trägheit

Die bösen Geister werden nach Agrippa in neun
Grade oder Klassen eingeteilt:
Erstens, diejenigen, die mit opfern und anbeten als
Götter verehrt werden wollen. Der Vornehmste und
Fürst unter ihnen ist Beelzebub. Zweitens, die
Lügengeister, unter denselben ist der vornehmste die
Schlange Python. Diese täuscht und betrügt durch

falsche Orakel und Weissagungen. Drittens, die Geister, welche böse Künste lehren und alles Böse stiften. Der Vornehmste unter ihnen ist Belial, was einen Ungehorsamen, einen Widersacher und einen Abtrünnigen bedeutet.

Viertens, die Rachegeister, ihr Oberster heißt Asmod, Asmodi oder Asmodeus, d.i. der das Urteil spricht. Asmodi kommt im biblischen Buch Tobias vor (3,0): "Sara war mit sieben Männern verheiratet gewesen, doch der böse Dämon Asmodi hatte sie alle getötet, bevor sie mit ihr geschlafen hatten." Im Hexenhammer heißt es: „Der eigentliche Dämon der Hurerei und der Fürst jeder Unfläterei heißt Asmodeus, was verdolmetscht wird mit „Bringer des Gerichts", weil wegen eines derartigen Lasters ein furchtbares Gericht erging über Sodom und noch vier andere Städte." Asmodeus wird beschworen, wenn es darum geht, verborgene Schätze zu finden. Er ist auch in Astronomie und Geometrie kundig. Außerdem wird er angerufen, um bei Ehebruch behilflich zu sein und um Ehen zu zerstören.

Die fünfte Ordnung ist nach Agrippa die der Zaubergeister, die Wunderwerke nachahmen und den Hexen und Unholden dienen, und die Menschen verführen, wie die Schlange, die Eva verführte. Ihr Oberhaupt ist Satan.

Sechstens, die Geister, welche ihre Wirkung in der Luft haben und sich unter Donner, Blitz und Hagel mischen, und die auch anderes Unglück stiften. Diese Teufel werden in der Offenbarung des Johannis durch die vier Engel angedeutet, welchen die .Macht gegeben ist, der Erde und dem Meer zu schaden. Ihr Oberster wird Meierim genannt, d.i. der Dämon des Mittags, der Glutgeist, der am Mittag wütende Dämon. Paulus bezeichnet ihn in seinen Briefen an die Epheser als den Fürsten, der in der Luft herrscht. An siebter Stelle kommen die Furien, welche alles Übel als Uneinigkeit, Krieg oder Verheerung anrichten. Ihr Heerführer ist nach der Offenbarung des Johannis Appolio, der aus dem Hebräischen aber Abaddon genannt wird, was übersetzt Verderber, Vertilger, Verwüster heißt.

Achtens, die Lästerer, Ankläger oder Auskundschafter, deren Oberster ist Astaroth (Astaroth), d.i. der Kundschafter, im Griechischen wird er Diabolus genannt, was der Ankläger und Verleumder heißt. In der Offenbarung wird er auch als Ankläger bezeichnet. Astaroth ist eine mächtige Höllengestalt, die wie ein missglückter, hässlicher Engel aussieht. Er sitzt meistens auf einem Höllendrachen und hält eine Viper in seinen Krallen. Er spricht offen und frei über die Erschaffung aller Geister, über ihren Sturz und wie sie in die Hölle geworfen wurden. Auch sagt er, dass er angeblich nicht aus freiem Willen gefallen sei, sondern dazu überredet wurde an der Revolte gegen Gott teilzunehmen.

In der neunten Ordnung sind die Versuch-Teufel, die allen und jeden Menschen nachstellen und nachtrachten. Ihr Oberhaupt ist Mammon oder die Begierde. Mammon ist aramäisch und bedeutet Besitz, Vermögen. Im Neuen Testament ist es der Reichtum unter dem Aspekt des unrechten Gewinns (Lukas 1.6,9.11.13): „Der Mensch kann nicht Gott dienen und zugleich dem Mammon."

Sechs werden in der Hölle Urheber und anstiftende Teufel alles Unheils genannt:

Aetus, MegaIosius, Ormenus, Lycus, Kyeon und Minos.

Die vier Fürsten der Teufel, welche in den vier Elementen schaden könne, sind:amaeI, AIzazeI, AzaeI und Machazael.

Die vier vornehmsten höllischen Fürsten und nach Abraham von Worms die vier Oberfürsten sind: Luzifer, Leviathan, Satan, BeliaI. Die acht Unterfürsten: Astaroth, Magoth, Asmodi. Beelzebub, Oriens, Paimon, Ariton, Amaimon.

Die vier Teufel, welche in den vier Teilen der Luft herrschen: Oriens, Paimon, Egyn v. Ariton, Amaimon.

Die Geisterhierarchie nach Trithemius

Trithemius, eigentlich Abt Johannes von Heidenberg ans Trittenheim bei Trier (1462-1516), galt auf vielen Gebieten der geheimen Wissenschaften als Autorität. Sein bedeutendster Schüler war Agrippa von Nettesheim.

Trithemius schildert in seiner Schrift „Liber octo quaestionum" sechs Dämonengattungen: Die erste Gattung der Dämonen ist die Feuergeister, so genannt, weil sie in der obersten Luft schweben. Sie verweilen beständig unter der Region des Mondes und haben daher keinen Verkehr mit den Menschen auf der Erde.

Die zweite Dämonengattung sind die Luftgeister, die in der Luft umherschweifend, in unserer Nähe verweilen. Sie können zur Erde herabsteigen und, indem sie einen Körper aus verdichteter Luft annehmen, manchmal den Menschen sichtbar erscheinen. Sie erregen Donner und Gewitter und verschwören sich zum Verderben des Menschengeschlechtes. Nach Art des Menschen lassen auch sie sich von Leidenschaften leiten, besonders Stolz und Neid, und sind in beständiger Aufregung. Sie haben einen höchst grimmigen und heftigen Charakter, weshalb sie sogleich auf Unheil sinnen, wenn sie durch etwas gestört oder erzürnt werden; während sie ihre Angriffe ausführen, wollen sie teils verborgen bleiben, teils treten sie mit offener Gewalt auf.

Die dritte Dämonengattung nennt man Erdgeister. Von diesen Geistern halten sich die einen in Wäldern und Hainen auf, manche weilen auf dem flachen Land, andere in abgelegenen Orten und Höhlen; die übrigen, welche weniger böse und stürmisch sind, lieben es, im Geheimen bei den Menschen zu verweilen. Von diesen lieben es die einen, durch Täuschungen die Menschen zu erschrecken, andere wünschen durch Vorherankündigung der Zukunft sie zur Verwunderung hinzureißen; einige aber geben sich alle Mühe, die Menschen mit einer unvernünftigen Wut zu erfüllen oder sie in Anfällen von Trübsinn zu erschrecken, zu schädigen oder zu töten. Bisweilen halten sie sich in einem Glas, Kristall oder Spiegel auf und geben, durch Zauberformeln beschworen, den Hexen Antworten und sagen ihnen auch, wenn jemand übel von ihnen redet.

Die vierte Dämonengattung sind die Wassergeister. Sie wohnen an Flüssen und Seen. Sie sind voll Zorn und Leidenschaften, unruhig und hinterlistig. Sie erscheinen meistens in weiblicher Gestalt, seltener in männlicher. Diejenigen, welche an trockenen Orten wohnen, treten in männlicher Gestalt auf. Auch nehmen sie Gestalten verschiedener Tiere an.

Die fünfte Gattung bilden die unterirdischen Geister, welche in Klüften, Höhlen und dem Innern der Berge wohnen. Diese sind nach ihrer Sinnesart die schlimmsten. Bisweilen hört man einen Glockenklang bei ihnen, und manchmal geben sie sich auch für die Geister verstorbener Menschen aus. All ihr Streben geht dahin, den Menschen Furcht einzujagen oder sie zu Verblüften.

Die sechste Gattung der Dämonen sind die lichtscheuen Geister, weil diese vor dem Licht fliehen und es verabscheuen, nie bei Tag erscheinen und nur bei Nacht einen Körper annehmen können. Dies ist einen Dämonenart, die in der Finsternis wandelt, eine rätselhafte, finstere, von kalten Leidenschaften getriebene, bösartige, unruhevolle und stürmische Dämonenart.

Rangliste der höllischen Dämonen nach der Zauberliteratur des 17. und 18.Jahrhunderts

1. Luzifer - Der König
2. Belial - Vizekönig

Gubernatoren (Heerscher):
3. Satan
4. Beelzebub
5. Astaroth
6. Pluto
Großfürsten:
1. Aziel
2. Mephistophiles
3. Marbuel
4. Ariel
5. Aniguel
6. Anifel
7. Barfael (Barbuel)

Grossräte oder höllische Räte:
1. Abbadon
2. Chamus
3. Milea
4. Lapasis
5. Merapis

Geheimer Reichs-Sekretarius:
1. Milpeza

Spiritus Familiares (Hausgeister):
1. Chinicham
2. Pimpam
3. Masa
4. Lissa
5. Dromdrom
6. Lomha
7. Palasa
8. Naufa
9. Lima
10. Pora
11. Saya
12. Wunsolay

Die Hierarchie der Dämonen nach Sebastien
Michaelis Admirable Historie (1612)

Erste Hierarchie:

1. Beelzebub -Stolz (aus der Ordnung der Seraphen)
2. Leviathan - Glaube (... Seraphinas)
3. Asmodeus - Luxus (... Seraphen)
4. Balberith - Gotteslästerung, Mord (...Cherubinen)
5. Astaroth - Eitelkeit, Faulheit (...Thronen)
6. Verrine - Ungeduld (... Thronen)
7. GressiI - Unreinheit (... Thronen) 8. SonneiIlon -
Hass (... Thronen)

Zweite Hierarchie:

9. Carreau - Uubarmherzigkeit (... Mächte)
10. Carnivean - Obszönität (... Mächte)
11. OeilIet - Reichtum (... Herrschaften)
12. Rosier - Liebe (... Herrschaften)
13. Verrier - Ungehorsam (..Fürstentümer)

Dritte Hierarchie:

14. Belial - Alroganz (... Tugenden)
15. Olivier - Grausamkeit (... Erzengel)
16. Iuvart - Besessenheit (... Engel)

Über die Gestalt des Satans

Der Name Satan stammt aus dem Hebräischen und bedeutet Widersacher, Feind, Verfolger. Im Islam entspricht ihm der Shaitan, der sich gegen Gott empörte und den Menschen die Zauberkunde brachte. Im Alten Testament tritt er als Ankläger der Menschen vor dem göttlichen Gericht auf (Sacharja 3,1 ff.; Ijob 1,6-2,7). Zugleich ist er Versucher und Verführer der Menschen (1. Chronik 21,1). Nach dem apokryphen Buch Henoch war Satan ursprünglich Gottes liebster Engel, der wegen seiner Auflehnung gegen Gott vom Erzengel Michael aus dem Himmel gestoßen wurde. Nach seinem Sturz in die Hölle wurde er zum Fürsten dieser Welt (Johannes 12,31; 14,30; 16,11; 1. Brief des Johannes 5,19) und sogar zum Gott dieser Welt (2. Korintherbrief 4,4), weil sich seine Herrschaft rund um die Erde erstreckt. Satan kann die Reiche dieser Welt vergeben (Lukas 4,6). Die Sünde ist sein Lebenselement (1. Brief des Johannes 3,0), er ist ihr Anstifter (Matthäus 4,1). Die bösen Geister oder Dämonen sind ihm unterworfen (Matthäus 25,41; 2; Korinther 12,7; Epheser 2,2; Offenbarung 12,9). Im Christentum erscheint er als das leibhaftige Prinzip des Bösen (Markus 4,15).
Nach dem Buch Bahir ans dem 12. Jhd. ist Satan eine Kraft, die aus dem Norden her wirkt, der Region des

Unheils, des Todes, und er ist dem Nordwind zugeordnet.

Über die Gestalt des Luzifers

Luzifer (lateinisch lucifer) heißt übersetzt „Lichtbringer". Ursprünglich war es der Name für den Morgenstern, dann der Name für den Teufel, was aus der Verbindung einer Stelle des Alten Testaments (Jesaja 14,12 ff.), wo die Höllenfahrt des Königs von Babel mit dem Sturz des strahlenden Morgensterns verglichen wird, mit einer Stelle des Neuen Testaments (Lukas 10,10) entstanden ist, wonach Satan wie ein Blitz vom Himmel fällt. Nach dem Sturz aus dem Himmel ins Reich der Finsternis wurde der Leuchtende zum Schwarzen, zum Inbegriff der Finsternis. Neben allen Gemeinsamkeiten aber beleuchten die Namen Satan und Luzifer jeweils einen speziellen Aspekt des Bösen. Luzifer steht in der Hierarchie der Hölle noch über Satan. Luzifer versucht die Menschen durch Selbstgefälligkeit, Hochmut und Stotz, während Satan sie durch Lust und Begierde versucht. Luzifer ist stolz und hochmütig, Satan verkörpert Jähzorn und Wut. Luzifer zählt zu den Hauptkräften des Bösen. Er brachte das Feuer und das Licht auf die Erde. Luzifer bietet Glut statt Wärme. Alles, was den

Menschen mit Begeisterung für hohe Ziele erfüllt, was ihn beschwingt, sind die Gaben Luzifers. Jede Art von Rausch ist luziferisch, gleichgültig, ob durch Drogen bedingt oder anders hervorgerufen. Musik, Kunst, Dichtung gelten als Produkte luziferischen Geistes. Aber zugleich umnebelt er das Denken und zieht die Menschen in eine Scheinwelt hinein. Als luziferische Eigenschaften gelten: Eitelkeit, Hochmut, Selbstüberschätzung und jede Art von Liebe, die auf Selbstgenuss aus ist. Luzifer hat den Vorsitz im Osten. Der passende Tag

zur Beschwörung ist der Montag. Zur Beschwörung verwendet man eine Kreis, in dessen Mitte sein Name geschrieben steht. Er gibt sich vorerst mit einer Maus als Preis für seine Gefälligkeiten zufrieden. Luzifer erscheint als schöner Jüngling mit hochmütigem Lächeln, manchmal mit etwas melancholischer Beimischung.

Beelzebub

Beelzebub wird als der Herr der Fliegen bezeichnet, er ist ein Fürst des Reiches der Finsternis, ein Dämon des Saturns.

Beelzebub war Fürst aus der Ordnung der Seraphen, der nächste nach Luzifer. Aus der Ordnung der Seraphen fielen drei zuerst aus dem Himmel:

Luzifer, Beelzebub und Leviathan, die alle rebellierten. Im Neuen Testament ist Beelzebub der oberste der Dämonen (Matthäus 12, 24-27). Die Pharisäer hatten Jesus angeklagt, niedrigere Dämonen mit Beelzebub anzutreiben. Beelzebub selbst soll, wenn er auf die richtige Weise exorziert wird, den Mund der Besessenen in Gestalt einer Fliege verlassen. Im „Dictionary infernal" (1863) wird er als große Stechfliege dargestellt, die auf den Flügeln das Todessymbol, Totenschädel und gekreuzte Knochen, trägt.

Leviathan

Leviathan ist hebräisch und wird übersetzt mit „der Gewundene". Er ist der Teufel der Missgunst. Im Alten Testament erscheint er als Personifikation aller Kräfte des Unheils. Im Buch Jiob (40,25-41,26) wird Leviathan als Herr über alle Ungeheuer beschrieben, mit dichten Schuppen und starren Zähnen, dem niemand ins Maul zu langen wagt. Er ist der Drache des Chaos (Psalm 74,14), in Schlangengestalt gedacht (Jesaja 27,1). Bei Jesaja wird Leviathan als apokalyptischer Feind Gottes bezeichnet.

Belial

Belial ist ein hebräischer Dämonenname und bedeutet Bosheit, Nichtswürdigkeit, Verderben, Unterwelt. Im spätmittelalterlichen „Hexenhammer" wird der Name folgendermaßen gedeutet: „ohne Joch" oder „ohne Herrn", weil er nach Kräften gegen den ankämpft, dem er Unterfang sein müsste. Das Alte Testament bezeichnet besonders bösartige Menschen als "Männer Belials" (2. Buch Samuel 16,7). In Psalm 10,5 steht der Name in Verbindung mit „Bächen des Verderbens", häufig auch mit „Bäche des Teufels" wiedergegeben. Im Neuen Testament wird Belial in der Bedeutung des Teufels eindeutig Christus gegenübergestellt (1. Brief Korinther 6,15). Belial erscheint als schwarzer, spitzohriger Teufel mit einem Vogelgesicht am Gesäß und mit Hufen oder Krallenfüssen.

Abbadon

Der Name Abbadon kommt aus dem Hebräischen und heißt Untergang, sein griechischer Name Apollyon bedeutet Verderber. Abbadon ist der Engel des Verderbens und die Personifikation des Totenreiches und des Abgrundes. Im Alten Testament bedeutet Abbadon zunächst die Stätte des

Verderbens, die Unterwelt (Ijob 26; 28,22). Im Neuen Testament, in der Offenbarung des Johannes (9,3 - 11), wird er zum höllischen Engel, und es wird ihm der Titel „König der Heuschrecken" und „König der Engel des Abgrundes" verliehen.

Azazel

Azazel ist der Name eines Wüstendämons aus dem Volksglauben der Israeliten. Am großen Versöhnungstag wurde ein Ziegenbock zu ihm in die Wüste hinausgetrieben, nachdem der Hohepriester im Anschluss an das Sündenbekenntnis des Volkes durch Handauflegung alle Sündenschuld des Volkes auf diesen "Sündenbock" symbolisch überfragen hatte (3. Buch Moses, Levitikus 16,8).

Einordnung von Dämonen nach Zweck Liebe, Beziehungen:

Asmodeus, Astarte, Astaroth, Beleth, Lilith, Naamah, Rosier, SaIIos, Sitiri, VuaI, Zepar.

Hass, Rache, Wut, Krieg:

Abbadon, Agaliarept, Andras, Baal, Belphegor, Fleurety, Lucifuge Rofocale, Mephistophiles, Nebiros, Olivier, Proserpine, Sargatanas, Satan, Satanchia, Sonneillon.

Leben, Heilen:

Baalberith, Babael, Belial, Buer, Euronymous, Leviathan, Luzifer, Rimmon, Satan, Verrier.

Geld, Wohlstand, Glück:

Asmodeus, Astaroth, Beelzebub, Behemoth, Belphegore, Bune, Lucifuge Rofocale (Luzifer gab ihm die Macht über alle Reichtumer und Schätze der Welt), Mammon, Mephistophiles, Oeillet, Olivier.

Wissen, Geheimnisse, Zauberei

Abbadon, Astaroth, Baalberith, Belial, Leviathan, Luzifer, Paimon, Python, Ronoue, Verrier.

Namen von Geistern, die berufen werden
können

Nach Abraham von Worms handelt es sich insgesamt
nicht um schlechte und gemeine Geister, sondern um
vornehme und geschickte Wesen, die fleißig und
schnell in vielerlei Dingen sind.

Die Geister, welche den Fürsten Astaroth und Asmodi gemeinsam sind:

AmamiI, OrieneIl, Tinira, Dramos, Anemalon, Kirik,
Bubamabub, Ranar, Concavion, Oholem, Tarato,
Tabbat, Buriub, Oman, Carasch, Dimurgos,
Darachim, Horomar, Ahahbon, Yragamon, Lagiros,
Eralix, Golog, Leniel, Tmakos, Akanefomayos,
Argax, Afrey, Sagarez, Ugalis. Erimihala, Habuaz,
Namalon, Ampholion, Abusis, Exention, Taborix,
Kogiel, Pemfodram, SirioI, Jgigi, Dosom. Hagcys,
VoIeman, Bialod, GaIagos, Vagalon, Gagonix,
Opilon, Paguldez, Paschy, Nimalon.

Die Geister Astaroths:

Amam, Camal, Texai, Kararon, Rah, Schelegon,
Giriar, Afianon, Toun, Biriel, Sartabakim, MabakieI,
Aman, Rax, Isiamon, Golen, Herg, Hipolos, Alan,
Ugirpen, Bahal, Barook, Golog, Jromonis, Kigios,
Nim, Irix, Herich, Akirgi, Magog, Sifon, Lundo,

Apot, Gonogin, Bahal, Gramenis, Argilon, Ileson,
Apormenos, Araex, Fagum, Hipolopos, Jloson,
Garsas, Ugirpon, Gomognu, Argilon, Diopos, Kele,
Sobe, Opun. Toxai, Schelagon, Darek, Rigios, Okiri,
Camonix, Ombalat, Lepaca, Taraoe, Lepacha,
Kalotes, Ychiagos, Basamal, Disolel, Magiros, Inokos,
Kataron, Ginar, Ischigas, Nimerix, Fagani, Bafamal,
Quartas, Kolofe.

Die Geister Asmodis:

Jemuri, Mephasser, Bakaron, Hylar, Eney, Maggias,
Abbedir, Breffes, Ormion, Schalnach, Gillaron,
Ybarion.

Die Geister Beelzebubs:

Altanor, Armasia, Belifares. Camarion, Corilon,
Diralisin, Eralicarison, Elipinon, Gariniraus,
Sipillipis, Ergonion, Lotifar, Chymingmorug,
Korelesa, Natales, Lamalon, Ygarim, Akahim, Golog,
Namiros, Jstaroth, Tedeam, Jkon, Kemal, Adisak.
Bilek, Jromes, Baalhori, Jamai, Arogor, Jpakys,
Olascky, Hayaman, Samechlo, Aloson, Segosel,
Barob, Ugobog, Haokub, Amolom, Bilifot, Granon,
Pagalust, Yyrmis, Lemalon, Raduca, Onei, Sclavak,
Hifarion, Sbarionat, Ormion, Mebbesser, Gilarion,
Utifa, Preches, Bacaron. Eniuri, Omet, Maggid,
Holba, Abadir, Sarra, Alcanor, Diralisen, Ergamen,

Lamalon, Tachan. Tromes, Nominon, Hacamuli,
Borol, Magalast, Namiros, Orgosil, Bilifor, Amatia,
Licanen, Gotifan, Igurim, Ikonok, Balfori, Iamai,
Samalo, Sorosma, Zagalo, Adirael, Arcon, Bilifares,
Dimirag, Nimorup, Akium, Kemal, Arolen, Arogor,
Plison, Corilon, Pellipis, Kabada, Ambolon,
Lamarion, Elponen, Carelena, Dorak, Bilico, Lirochi,
Holastri, Raderaf, Gramon, Natalis, Kipokis,
Lamolon.

Liste der Namen einiger gefallener Engel

Ein Drittel aller Engel sind gefallene Engel, die
aufgrund ihrer Widerspenstigkeit aus den
Ordnungen der Guten und aus dem Himmel
gestossen wurden und nach eigener Wahl vom
Dienste Gottes abgefallen sind.
Ihre Zahl wurde im 15. Jahrhundert auf 1333,306,660
geschätzt. Sie irren teils in der Finsternis der Luft um
uns her, andere bewohnen die Seen, Flüsse und
Meere, wieder andere die Erde. Hier eine Liste von
Namen:
Abbadona, Adramelec, Agreas, Amiziras, Amy,
Arakiel, Araziel, Arioc. Armaros, Armen, Arakiba,
Asbeel, Asmoday, Asmodeus, Astaroth, Astoreth.
Atarculph, Auza, Azaradel, Azazel, Azza, Azzael

Balam, Baraqel, Barbatos, Barbiel, Batarjal, Beelzebub, Beliar, Busasejal, Byleth, BaIberith Caim, Carnivean, Carreau

Dagon, DanjaI

Ezekeel

FIauros

Kasdeja, Kawkabel

Leviathan, Luzifer

Mammon, Marchosias, Marut, MephistopheIes, Meresin, Moloc(h), Mulciber, Murmur

Nelchael, Nilaihah

Oeillet, Ouzza

Paimon, Penemue, ProceIl, Pursan

Raum, Rimmon, Rosier, Rumael

Sammael, Samsaeel, Sariel, Satan ,Selaiah, Semyaza, Senciner, ShamshieI, Simapesiel, Sonneillon

Tabaet, Thammuz, TumaeI, TuraeI, Turel

Urakaabarameel, Usiel

Verrier, VuaI

Yomyael

Zavebe

Die Hierarchie der Engel

Ebenso wie in der Hölle, gibt es auch im Himmel gewisse Stufen, Ämter und Verrichtungen, die den Engeln zukommen. Im Himmel gibt es neun Ordnungen (drei Hierarchien, jede von drei Ordnungen):

1. Hierarchie:
Seraphinen, Cherubinen, Thronen.
2. Hierarchie:
Herrschaften, Fürstentümer, Mächte.
3. Hierarchie:
Tugenden, Erzengel und Engel.

Es sind zudem neun Engel dem Himmel Vorgesetzt, nämlich:
Metanon, Orphaniel, Zaphiel, Zadkiel, Camael, Raphael, Haniel, Michael und Gabriel.

Die vier Engel als Vorgesetzte an den vier Enden des Himmels, anch die vier Erzengel genannt, sind:
1. Michael, 2. Raphael, 3. Gabriel und 4. Uriel

Diese wurden auch über die vier Winde gesetzt, und zwar:

Michael über den Ostwind, Raphael über den Westwind, Gabriel über den Nordwind und Uriel über den Südwind.

Folgende Engel sind über die vier Elemente gesetzt.: über die Luft herrscht Cherub, über das Wasser Tharsis, über die Erde Ariel und über das Feuer Seruph.

Über das Wesen der Engel

Die Engel sind von Natur aus unter sich verschieden und in die drei Vorgenannten Hierarchien zu je drei Engel-Chören eingeteilt. Diese Rangordnung ist von Bedeutung, weil sie auch bei den gefallenen Engeln erhalten geblieben ist. Es gibt höhere und niedere Engel wie es auch mächtige und weniger mächtige Dämonen gibt. Sie stehen zwischen Ewigkeit und Zeit und kommen mit letzterer nur in Berührung, wenn es ihre Tätigkeiten und Aufgaben erfordern. Dazwischen befinden sie sich in einem Zwischenzustand, den man „aevum" nennt. Sie sind nicht an einen Raum gebunden und kommen mit ihm nur in Berührung, wenn sie dort eine Tätigkeit ausüben. Danach treten sie wieder zurück in eine Art Raumfreiheit. Wenn sie im Raum eine Tätigkeit ausüben, können sie jeweils nur an einem Ort sein. Ihre Reichweite ist je nach ihrem Grade verschieden. Engel sind nicht allgegenwärtig, was bei einem Geschöpf unmöglich ist. Sie können sich blitzschnell, aber auch mit Zeitverbrauch, von einem Ort zum anderen begeben und brauchen dabei nicht den dazwischen liegenden Raum zu durchschreiten, wenn sie nicht wollen. Die Engel sind mit gewisser Gewalt ausgestattet. Sie können andere Geister und die Materie bewegen, dies aber nicht unbeschränkt. Sie sind nicht allwissend, ihr Intellekt ist unterschiedlich, sie müssen ihr Wissen aber nicht aus Erfahrung erwerben, sondern haben es von Anfang an seit ihrer Erschaffung. Wenn sie untereinander in Verbindung treten wollen, tun sie es mittels der sogenannten Engelsprache mit der sie sich gegenseitig austauschen. Die Engel haben einen freien Willen, mit dem sie sich auch zum Bösen entscheiden können. Ihre Entscheidungen sind ewig, unveränderlich und unwiderruflich. Das bewies sich auch bei der Spaltung im Engelreich, wo sich zeigte welchen Gebrauch die Engel von ihrem Willen machten. Der grössere Teil der Engel blieb Gott treu, während sich aber ein kleiner Teil von ihnen aus freiem Willen Gott widersetzte. Dadurch unterscheiden sich die guten Engel von den gefallenen bösen Engeln, den Dämonen.

Das Wesen der Dämonen

Mit dem Fall des Satans teilte sich das Engelreich in gute und böse Engel oder Dämonen. Die Engel-Natur ist in den abgefallenen Engeln zwar befleckt, nicht aber im wesentlichen verändert worden. Unverändert blieb auch nach dem Fall die Körperlosigkeit der Dämonen. Dass sie bei Erscheinungen zeitweise eine Körpergestalt annehmen, steht dazu nicht im Widerspruch. Geblieben ist auch ihre Unabhängigkeit im Bezug auf Raum und Zeit. Die einzige Eigenschaft, die sich verändert hat, ist ihr Wille, der nur noch dem Bösen anhängt. Der Wille der Dämonen ist immer schlecht, auch wenn er vortäuscht gut zu sein. Weil die Dämonen von gleicher Herkunft wie die lichten Engel sind, können sie mit ihnen leicht, wenn auch nicht dauerhaft, verwechselt werden. Zum Schluss ist noch zu bemerken, dass Engel entweder gut oder böse sind. Teilweise abgefallene Engel. die weder zum Himmel noch zur Hölle gehören, launisch, mal wohltuend, mal schadenstiftend, gibt es nicht.

Wie sich die Erscheinungen der Engel von den Erscheinungen der Dämonen unterscheiden

Die Erzengel erscheinen in der Begleitung von Engeln, die ihnen als Vorläufer und Diener beigegeben sind. Die Engel und guten Geister erscheinen grössten Teils in menschlicher Gestalt als schöne Jünglinge, im Gegensatz zu den bösen Geistern, die meistens in scheusslicher Gestalt oder in Form von Tieren wie Bären, Löwen, Hunden, Drachen oder ähnliches auftreten. Zudem werden diese oftmals von wilden grausenerregenden, schädlichen, blutsaugenden Tieren begleitet. Die bösen Geister bedienen sich häufig falscher Bilder, um in höherem Rang zu erscheinen und den Beschwörer zu täuschen. Die Engel und guten Geister dagegen erscheinen nie unter angenommenen falschen Bildern. Engel behalten immer dieselbe Gestalt und zeigen bei ihrer Erscheinung Anmut und Ruhe, die Dämonen zeigen stürmische Bewegung und Unordnung. Die Erzengel strahlen bei ihrer Erscheinung ein Licht aus, dass dem Beschwörer das Einatmen beschwerlich fällt. Bei der Erscheinung von Engeln wird die Luft nicht verändert. Bei der Erscheinung von Dämonen hat die Luft ebenfalls keine merkliche Veränderung. Es begleitet sie nur soviel Licht, wie nötig ist, um ihr

Bild sichtbar zu machen, daher ist ihr Bild undeutlicher als das der Engel, auch umstrahlt sie kein Glanz. Die Grösse der Erscheinungen richtet sich immer nach der Grösse der Kräfte oder Gewalten, welche sie repräsentieren. Im Gegensatz zu den Engeln erscheinen Dämonen nicht immer mit derselben Grösse ihrer Gestalt.

Ein Ritual zur Dämonenbeschwörung

Für eine höllische Beschwörung ist die Nacht von Montag auf Dienstag oder die Nacht von Freitag auf Samstag besonders geeignet. Als Ort wählt man einen möglichst einsamen und unheimlichen Ort, z.B. eine Ruine, einen alten Friedhof, einen Keller oder einen Platz, an dem jemand gewaltsam ums Leben kam. Als Kleidung ist alles in schwarz passend. Die Operation sollte nicht unterbrochen werden, außer man wird durch ein Unglück daran gehindert, daher muss vorher der Ablauf genau durchdacht werden, man darf nicht gestört werden und alle erforderlichen Geräte müssen bereit liegen. Wer nicht die feste Absicht hat, es bis zum Ende durchzuführen, der sollte es auch nicht beginnen.
Es muss vorher genau überlegt werden, welcher Geist gerufen werden soll. Es ist nnnötig, einen Geist

hohen Ranges zu beschwören, wenn ein Geist Von geringerem Rang ausreicht, die Wünsche zu erfüllen. Nachdem man alle notwendigen Utensilien Kerzen, Schwert, Räucherung etc. beschafft und bereit gelegt hat, zieht man mit dem Schwert einen Kreis, wenn man die Beschwörung draußen durchführt, sonst zeichnet man den Kreis mit irgendeinem Schreibgerät, z.B. Kreide auf den Boden. Außerhalb des Kreises zeichnet man ein Dreieck, in dem der Geist erscheinen soll und positioniert eine Schale Blut zur Anrufung in dieses Dreieck.

Außen um den Kreis herum stellt man neun Teelichter zur Beleuchtung. Diese stehen auf Pentagrammen, die Strenge symbolisieren und Schutz gewähren, aber die auch den Mikrokosmos darstellen; sie haben ihren Platz außerhalb des Kreises, um die feindlichen Kräfte anzulocken.

anschließend zündet man die Teelichter an, weiht den Kreis und verbrennt ein Gemisch aus Weihrauch und Storax. Im Kreis stehend konzentriert man sich auf das Siegel des Dämons, welches man sich zuvor eigenhändig aufgeschrieben hat und zeichnet es mit dem Zauberstab nach.

Während man das Schwert in der Hand hält liest man die Beschwörung. Dazu berührt man das Siegel des Geistes, das in der linken Hand gehalten wird, mit der Spitze des Schwertes und spricht:

„Du großer mächtiger Geist ... (Name), ich beschwöre dich an diesem Tag und zu dieser Stunde hier, um dir bestimmte Angelegenheiten aufzutragen. Bevor ich aber damit fortfahren kann, ist es notwendig, dass du dich gut sichtbar vor mir zeigst. Und höre, solltest du unter irgendeinem Bann stehen, oder anderswo beschäftigt sein, wird dich dennoch nichts befähigen der Kraft meiner fürchterlichen Beschwörung zu widerstehen. Ich kommandiere dich, und solltest du meinen Worten nicht gehorchen oder unwillig sein zu kommen, dann verfluche ich dich auf die schrecklichste Art und Weise, dann werde ich dir deine Macht nehmen und dich an den schauerlichsten Ort verbannen!" Nach einer kurzen Pause des Schweigens fährt man fort:

„Deshalb komme sofort und sichtbar, o du Geist ... (Name), und erscheine in dem magischen Dreieck außerhalb dieses Kreises."

Weitere geeignete Beschwörungsformeln findet man im entsprechenden Kapitel dieses Buches. Nun legt man das Siegel am Ort des magischen Dreiecks auf den Boden und bewacht diesen Platz, an dem der Geist erscheinen soll mit dem Schwert. Die Beschwörung wird unter Verwünschungen und Drohungen wiederholt, bis der Geist antwortet. Seiner Erscheinung geht meistens ein heftiger Wind voran. Wenn er endlich aufgetaucht ist und während der Beschwörung versuchen sollte, den Kreis zu durchbrechen, verteidigt man sich mit dem Schwert und zieht mit diesem den Kreis nach.

schließlich verbrennt man zur Verabschiedung des Geistes viel Weihrauch und spricht: „O du großer und machtvoller Geist ... (Name), da du mir in all meinen Forderungen gehorcht hast, beschwöre und binde ich dich abschließend, dass du weder mich verletzt noch diesen Ort oder irgendetwas, das mir gehört, beschädigst oder zerstörst, und dass du sorgfältig alle Dinge ausführst, die ich dir aufgetragen habe. Und jetzt erlaube ich es dir an deinen Schlupfwinkel im Unsichtbaren zu entschwinden. Friede sei zwischen mir und dir; und komme du schnell, wenn ich dich wieder beschwöre."

Die Beschwörung des Lucifuge zur Beschaffung von Reichtum

Zwei Tage vor der Beschwörung muss man mit einem neuen zuvor unbenutzten Messer von einem Haselnussstrauch einen Zweig abschneiden. Dieser Zweig darf nie Früchte getragen haben und muss genau in dem Augenblick, in dem die Sonne über den Horizont steigt, abgeschnitten werden. Danach nimmt man einen Blutstein und zwei geweihte Wachskerzen und geht damit auf einen einsamen

Ort, wo die Beschwörung ungestört vor sich gehen kann. Alte, zerfallene Burgen sind dazu sehr geeignet, weil Geister alte Gebäude lieben; ein abgelegenes Zimmer in einem Haus ist aber ebenso gut. Mit dem Blutstein wird ein Dreieck auf den Boden gezeichnet und die Kerzen werden an die Seiten des Dreiecks gestellt. An die Grundlinie schreibt man die heiligen Buchstaben I H S und macht rechts und links davon je ein Kreuz (siehe Abbildung des Zauberkreises). Dann stellt man sich in das Dreieck mit dem Haselnussstab und den Papieren, auf denen die Beschwörung und die Wünsche stehen, und ruft den Geist mit Zuversicht und Festigkeit: „Kaiser Luzifer, Herr der rebellischen Geister, sei mir günstig, wenn ich jetzt deinen Diener rufe, den großen Lucifuge Rofocale, denn ich möchte einen Vertrag mit ihm schließen. Ich bitte auch darum, dass Fürst Beelzebub mein Unternehmen schütze. O Astaroth, großer Fürst, sei auch du mir günstig und hilf dem großen Lucifuge, mir in menschlicher Gestalt zu erscheinen, ohne Gestank, und mir durch den Vertrag, den ich mit ihm abschließen will, alle Reichtümer zu gewähren, die ich brauche. O großer Lucifuge, ich bitte dich, deine Wohnung, wo sie auch sein mag, zu verlassen, hierher zu kommen und mit mir zu sprechen. Wenn du nicht kommen willst, werde ich dich dazu zwingen durch die Macht des großen lebendigen

Gottes, des Sohnes und des Heiligen Geistes. Komme sofort, sonst quäle ich dich ewig mit der Gewalt meiner mächtigen Worte und mit dem großen Schlüssel Salomonis, den Salomo benutzte, wenn er die rebellischen Geister zwang, einen Vertrag anzunehmen. Darum erscheine so schnell wie möglich, sonst quäle ich dich unablässig mit den mächtigen Worten des Schlüssels: „Aglon Tetragramms Vaycheon Stimulamathon Erohares Retragsammathon Clyoran Icion Esition Existien Eryona Onera Erasyn Moyn Meffias Soter Emmanuel Sabaoth Adomai, ich rufe dich. Amen."
Diese Beschwörung ist unwiderstehlich. Noch bevor man sie beendet hat, wird Lucifuge erscheinen und so sprechen: „Hier bin ich, was willst du, warum störst du meine Ruhe? Gib Antwort!" Der Zauberer: ‚Ich wünsche einen Vertrag mit dir zu schließen zu dem Zwecke, dass du so schnell wie möglich große Reichtümer schenkst; andernfalls werde ich dich quälen mit den mächtigen Worten des Schlüssels." Lucifuge antwortet in formelhaft zeremonieller Sprache nach den Regeln der Diplomatie: "Ich kann deinem Befehl nicht gehorchen, wenn du mir nicht Leib und Seele übergibst, in zwanzig Jahren, mit der Erlaubnis, dass ich zu dieser Zeit mit dir tun kann, was immer ich will."
Dies ist der entscheidende Punkt. Teufel hassen es, Magiern zu dienen. Der Magier muss auf der Hut

sein und sollte versuchen, Lucifuge gefügig zu machen, ohne ihm viel zu versprechen. Auf folgende Weise sollte man dies versuchen: Man wirft einen Pakt aus dem Kreis hinaus: ‚Ich verspreche dem Großen Lucifuge, ihn nach zwanzig Jahren für alle Schätze, die er mir gegeben hat, zu belohnen." Der Text muss mit dem eigenen Blut unterschrieben sein. Dieses trügerische Dokument wird Lucifuge zunächst nicht annehmen. Der Magier muss aber festbleiben; indem er die große Anrufung und die den Teufel zerschmetternden Worte des Schlüssels vorliest, zwingt er Lucifuge abermals zu erscheinen. „Warum Quälst du mich noch mehr.' Wenn du mich in Frieden lässt, werde ich dir einen Schatz geben, nicht weit von hier. Meine Bedingung ist nur, dass du mir an jedem ersten Montag jedes Monats ein Stück Geld weist und dass du einmal jede Woche zwischen zehn Uhr abends und zwei Uhr morgens nach mir rufst. Nimm deinen Pakt, ich habe ihn unterzeichnet. Und wenn du dein Versprechen nicht hältst, so gehörst du in zwanzig Jahren mir." Der Zauberer antwortet folgendermaßen: ‚Ich stimme deinem Vorschlag zu, unter der Bedingung, dass du mir jetzt den Schatz zeigst, den du mir versprochen hast, denn ich will ihn sofort haben." Lucifuge: ‚Folge mir und nimm den Schatz, den ich dir zeigen werde." Nun tritt der Zauberer aus den magischen Kreisen an dem dafür bestimmten Punkte heraus und folgt dem bösen Geist zu dem Schatz, den er mit dem Haselnussstab berührt. Er legt auch den Vertrag auf den Schatz und kehrt, nachdem er so viel Geld genommen hat, wie er tragen kann rückwärts schreitend zu dem magischen Kreis zurück. Dann entlässt er den Geist mit den Worten: „O großer Lucifuge, ich bin mit dir zufrieden. Ich werde dich jetzt entlassen, gehe in

Frieden, du darfst gehen, wohin du willst, aber ohne allen Lärm und Gestank."

Zauberkreis für die Beschwörung des Lucifuge, genannt „Le Triangel des Pactes" aus einem französischen Zauberbuch („Dragon Rouge ou l' art de commander les esprits célestes, aériens, terrestres, internaux", 1822)

Beschwörungsformeln

Die Beschwörungsformeln sind sehr alt. Durch viele fehlerhafte Abschriften ist der Text oftmals verdorben und nur noch teilweise zu übersetzen. Allerdings haben die Formeln durch den Gebrauch über lange Zeit hinweg einen Eigenwert erhalten, der magische Wirkung zeigt.

Die Beschwörung wird mit lauter Stimme vorgetragen. Die größte und höchste Beschwörung nach Peter von Abano ist diese:

HEMEN-ETAN!
HEMEN-ETAN!
HEMEN-ETAN!
EL, ATI, TITEIP,
AZIA, HYN, TEU,
MINOSEL,
ACHADON VAY VAA EYE AAA EIE EXE A EL EL
EL AHY!
HAU! HAU! HAU! HAU!
VA! VA! VA!
CHAVAJOTH.
AIE SARAYE, AIE SARAYE, AIE SARAYE!
PER ELOYM.
ARCHIMA, RABUR, BATHAS SUPER ABRAC
RUENS
SUPERVENIENS

ABEOR SUPER
ABERE
CHAVAJOTH,
CHAVAJOTH,
CHAVAJOTH!
IMPERO TIBI PER
CLAVEM
SALOMONIS ET
NOMEN
MAGNUM
SEMHAMPHORA
S.

Eine Beschwörungsformel aus dem „Großen Zauberbuch" lautet folgendermassen:

PER ADONAI ELOIM, ADONAI JEI^VA, ADONAI SABAOTH, METATRON ON AGLA ADONAI MATHON, VERBUM PYTHONICUM, MYSTERIUM SALAMANDRAE, CONVENTUS ^YLPHORUM, ANTRA GNOMORUM, DAEMONIA COELI GAD, ALMOUSIN, GIBOR, JEHOSUA, EVAM, ZARIATNATMIK, VENI, VENI, VENI.

Eine Formel, um den Tentel in Gestalt eines Ziegenbockes herbeizurufen, bei den letzten Worten muss die Stimme anschwellen und in fürchterliche Schreie übergehen:

LALLE, BACHEA, MAGOTTE, BAPHIA, DAJAM, VAGOTH HENECH AMMI NAGAZ, ADOMATOR RAPHAEL IMMANUEL CHRISTUS TETRAGRAMMATON AGRA JOD LIO. KÖNIG! KÖNIG!

Magische Beschwörung mit dem sogenannten Schlüssel Salomonis

König Salomon wurde für den Meister in allen Geschäften mit der Unterwelt gehalten, und viele Originaltexte seiner Beschwörungen machten unter den Zauberern die Runde. Der Wortlaut ist hebräisch, aber in lateinischen Buchstaben geschrieben.

SALOMONIS (CITATIO)

YWOLEH.VAY.BAREC
HET.VAY.YOMAR.HA.ELOHE
ELOHIM.ASCHER.TYWOHE
HYTHALE.CHUABOTAY.LEP
HA.NAWABRA.HAMVEYS.HA
HAKLA.ELOHIM.HARO.HE
OTYMEO.DY.ADDHAYON
HAZZE.HAMALECH.HAGO

Um die Dämonen zu vertreiben, benutzte Salomon
den Spruch:

LOFAM SALOMON IYOUEL LYOSEMACUI

Beschwörungsformel aus dem Grimoire Armadel

Ich (Name) beschwöre dich o Geist (Name) kraft der großen und heiligen Namen Gottes, dass du mir sofort und ohne Verzögerung in einer annehmbaren Form und ohne Lärm oder Verletzung meiner Person erscheinst, um mir auf all das, was ich von dir fordere, zu antworten; und ich beschwöre dich hier in den großen Namen des lebenden Gottes und in diesen heiligen Namen:
EL + ELOHIM + ELOHO + ELOHIM + SEBAOTH + ELION + EIECH + ADIER + EIECH + ADONAI + JAH + SADAI + TETRAGRAMMATON + SADAI + AGIOS + O THEOS + ISCHIROS + ATHANATOS + AGLA + Amen.

Erklärung:

EI (hebr.): Gott der Mächtig
EIohim (hebr.): Schöpfungsgötter, die als ein Teil Gottes die Welt aufbauten. Man kann sie mit Erzengeln vergleichen.
Sebaoth   (hebr.),
eigentlich   Tzabaoth:
Heere   oder   Armeen
EIion (hebr.): Gott der
Mächtige und Lebende.

Eiech Adier Eiech (hebr.), eigentlich Ehieh Asher Ehieh: Gottesname, der „Ewiges Leben" bedeutet. Adonai (hebr.): „der Herr", das Wort ist wahrscheinlich eine Mehrzahl von hebr. „adon" = „göttlich".
Jah (hebr.); vgl. die Stelle in den Psalmen: „Preise ihn in seinem Namen jah." Sadai (hebr.), eigentlich Shaddai: Gott der Austeilende und Verbreitende.
Tetragrammaton: Die vier Bnchstaben des hebr. Gottesnamen JHWH = Jahwe
Agios (grierh.): heilig.
O Theos (griech.): Gott. Ischiros (griech.): stark. Athanatos (griech.): Unsterblichkeit. Agla (hebr.) Für Exorzismen und Beschwörungen benutzte kabbalistische Zauberformel. die aus den Aufangsburchstaben des hebr. Satzes „Athah Gibor LeoIam, Adonai" gebildet ist, was übersetzt heisst: „Gott, du bist mächtig und ewig."

Eine einfache Art, die bösen Mächte zu beschwören, ist folgende:

Man muss ein schwarzes Huhn, das noch nie ein Ei gelegt hat, an eine Wegkreuzung bringen. Dort muß man um Mitternacht das Tier in zwei gleiche Teile schneiden und die folgenden Worte sprechen:
„Eloim. Essai, frugativi et appellavi!"
Nun muss man das Gesicht nach Osten wenden, niederknien und die große Anrufung sprechen, während man einen großen Zypressenstab vor sich hin hält - und „er" wird sofort erscheinen.

Beschwörungsformel und Siegel der Geister aus Herpentils Schwarze Magie aus dem Jahr 1505

Beim Eintreten in den Zauberkreis ist zu sprechen:

Harim. Karis. Astacas. Enet. Miram. Baal Alisa. Namutei. Arista. Kappi. Megraral Sagisia. Suratbakar.

1.Beschwörung des Fürsten Amazeroth
Amazeroth Alip Hecon Anthios o Haram milas Helotim Amazeroth alget Zorianoso, Amileck Amias Segir Almetubele Hall merantankap, Acajachzai, Revifianthus Apalkap Karzmat Apericha Alenzoth

Fiustat AIasaff EIgabzai Haram Abolilpaim Erasin Aresatos Astar TaImasten o Haram milas Helotim, o Amazerot o Haram milas Helotim, o Amazeroth Om.

Beschwörung des Fürsten Amazeroth

Amazeroth Aritepas Gusiri Hecon. Alip Alperiga o Amazeroth Rabet Almetubele Syrath AlekIar Karim Alderez AItemelmel Cadir measdi Algis Nifar Alichim Kazar Halat (acharmou Zocha) Berasontus Algis Aledar Kirasothus Alchantum joradip FaIasi Alasaph Huri Adeuba jasath Astar Barus Amilexamar medu Almuten AIenzod Negimaja, o Haram milas Helotim o Amazeroth.

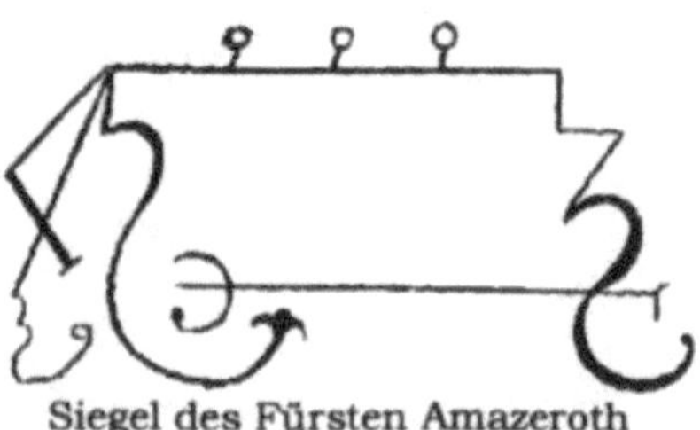

Siegel des Fürsten Amazeroth

Beschwörung des Fürsten Amazeroth

Amazeroth AIbantum, Alenzod Amazeroth Hecon AIip Amileckamar Alpericha AIgir Filastarus Aledar Syrath Algugarum Berimistas Legistus Behamitar SicIa Acharmonzocha comir Kuppa Taslarya Aronthas Baracasti HemIa omysyrath, abdilback

Annlexaman Alcubel Tharis AIgir Alasaff magostar magin, o Haram miIas HeIotim o Amazeroth.

Sobald der Geist erschienen ist, muss ihn der Magier grüssen und mit folgendem Spruch stellen: Karis HeIotim Latintas, o Amazeroth miIas Arintha Zabarath Nimas Amka SoIitkaryplos Zarabai.

Die Verabschiedung:

VaIedictio Amazeroth. Sarmisteras Labyratha Asanta Banta KaIas Tyrantus Karisis Aristai Amazeroth AIiasi ancestherisatos o Haram miIas HeIotim Arastaton.

Das Siegel Phisazeroth

Das Siegel Reymonzorackon

Die Zitation Phisazeroth:

Alip Hecon Anthios, o Haram milas HeIotim Perifiantum Alasaff, Haram Astar-Ludip Phisazeroth media dosta Arasistatos FaIasi AIgir Abdilback megastar. Haginsusta Parit HemIa Patustaba amagerim KaIip KisoIastas Agiastra AIectar AIgir AItemeImeI Alperiga, o Haram miIas Helotim, o Phisazeroth.

Die Zitation Reymonzorackon:

Megasas gelem alip Hecon o Haram miIas HeIotim Reymonzorackon negiras HaIai amith Aresatos gemastai Permasai astar AIuchaz Hacub Salalaga Almetubele alcubeI AIgir measti Rabol Haguisi Tirchasatus megaolon alasaff algir abolilback mirastatos AIenzod medagasi Reymonzorakon, o Haram miIas HeIotim.

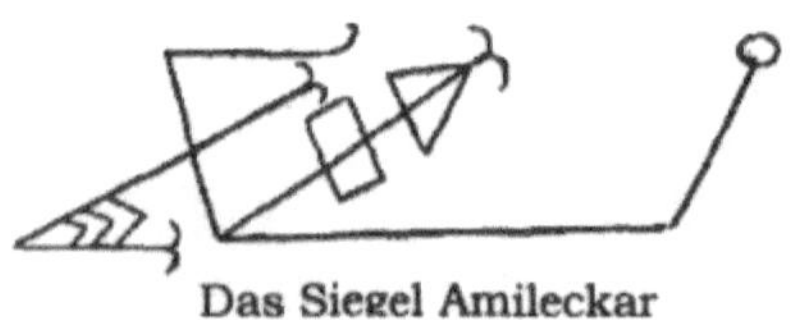

Das Siegel Amileckar

Die Zitation Amileckar:

Hemogit Hecon Alip o Haram milas Helotim Amileckar, FisaImaz, AIenzod AIenbel algir Sarmistaros allasat abelilback Gusarasch Heam D.astrasas Dolasai Bedaram Hevic julein megasthar HeIibistan, o Haram milas Helotim o Amileckar.

Die Zitation Alenzozoff:

Magabusta Bereanda Sarmistaras, Gorisgatpa, Helotim Latintas aciton aragiaton Amka jaribai untus gilgar Kipka Selingarasch albera Labon Gimistas Kateraphas Amegiorith miagastos Diadras Ratielar Dalasam, Hagaigia Belzopheion alip o Haram milas Helotim, o Mirsalckon, o Razerackas, o Alenzozoffantios Guscharas Alenzod algir Rabet Almetubele abdilpack mirastatas alasaff algir melgastar Joradip Falusi Zorionoso Alyet Kapkar lmar abdilbaim Erasin Fiaseax albirastas refiviantus Berapky Kagop Haram abdilbaim Erast Zakorip arestas Tamachen o Haram milas Helotim.

Das Siegel Alenzozoff

Spruch zur Stellung der vier vorhergenannten Geister:

Harim Kesit amogar Baal mamutai arista Kapi Segirit Beranathus Cosastus mego Supat almargim Rargastaton.

Zur Abdankung der Geister muss gesagt werden:
Dedarit Labiratha asanta banta meles Kalas
Hemostar aenat astaros Bedarit Eneth Elmisistas
almiranthus Joratkar. Karisataros alim mirum
anasterisatos o Haram milas HeIotim, o Haram milas
Helotim.

Wenn der .Magier schliesslich aus dem Kreis tritt,
muss er sprechen:
Begariston alengib Harim Beakim Hingultas mesar
Kayrap Permagostus aganton Badanky Gragaim
Bemtastoras argiutj.

Die Beschwörung der Elementargeister

***Zur Beschwörung der Luftgeister wendet man
sich nach Osten und spricht:***
„Spiritus dei ferebatur super aquas, et inspiravit in
faciem hominis spiracuIum vitae. Sit Michael dux
meus, et Sabtabiel servus meus, in luce et per lucem.
Fiat verbum halitus meus, et imperabo spiritus aeris
hujus, et refraenabo equos solis voIuntate cordis mei,
et cogitatione mentis meae et nutu oculi dextri.
Exorciso igitur te, creatura aeris, per
Pentagrammaton et in nomine Tetragrammaton."

**_Zur Beschwörung der Wassergeister wendet
man sich nach Westen und sagt:_**

„Fiat firmamentum in medio aquarum et separet
aquas ab aquis, quae superius, sicut quae inferius, et
quae inferius sicut quae superius, ad perpetranda
miracula rei unius. Sol ejus pater est, Iuna mater et
ventus hanc gestavit in utero suo. ascendit a terra ad
coelum et rursus a coelo in terram descendit.
Exorciso te, creatura aquae."

**_Zur Beschwörung der Feuergeister wendet man
sich_** nach Süden und wirft Salz, Weihrauch,
Kampfer und Schwefel ins Feuer und ruft dreimal
die Namen der drei Genien des Feuers: „Michael!"
(König der Sonne und des Blitzes), „Samael!" (König
der Vulkane) und „Anael!" (Fürst des Astrallichtes).
Schliesslich wendet man sich nach Norden und
beschwört die Erdgeister durch das Besprengen der
Erde mit Wasser und einer für den Tag geeigneten
Räucherung.

Das Bündnis mit dem Teufel

Bei einem Teufelspakt handelt es sich um eine Bindung für lange Zeit. Dies beinhaltet, sich ein Wesen durch Versprechen dienstbar zu machen und dafür im Jenseits - also nach dem Ableben - für dieses zn arbeiten. Dafür dient der Geist dem Magier für gewisse Zeit. Nach seinem Ableben geht der Magier in die Sphäre des Geistes ein, um dort seine Verpflichtungen abzuleisten. Das Bündnis mit dem Teufel kann sowohl ausführlich mit allen Feierlichkeiten oder auch nur durch eine einfache Abmachung geschlossen werden. Dazu schreibt man während einer Dämonenbeschwörung die gegenseitigen Verpflichtungen mit einem dem linken Arm entzogenen Blutstropfen auf zwei Schriftstücke. Das erste Exemplar nimmt der Geist mit sich, das andere verschluckt der Magier.

Dr. Faust's Teufelspakt

Die älteste Darstellung der Faustsage wurde 1507 in Frankfurt gedruckt und diente als Vorlage für Goethes berühmten „Faust". In dieser Geschichte verkauft ein Gelehrter seine Seele dem Teufel Mephistopheles, der ihm dafür Jugend, Liebe und Allwissenheit verspricht. Nach Anlauf der Frist wird er von Mephisto geholt und landet in der Hölle. Die Dramefigur Faust ist weltweit so bekannt, dass die meisten Menschen glauben, er sei reine Fiktion. Doch es gab tatsächlich einen Magier namens Georg, später Johann Faust (1400-1541), der die schwarzen Künste in Krakau studierte und später als fahrender Magier von Stadt zu Stadt durch ganz Deutschland zog. Nach seinem Alleben fand man folgenden Teufelspakt: ‚Ich, Johannes Faustus D. bekenne mit meiner eigen Handt öffentlich, zu einer Bestetigung, und in krafft dieses Briefts: Nach dem ich mir fürgenommen, die Elementa zu speculieren, und aber aus den Gaaben, so mit von oben herab beschert, und gnedig mitgetheilt wordten, solche Geschicklichkeit in meinem Kopf, nicht befinde, und solches von den Menschen nicht erlehrnen mag, so hab ich gegenwertigen gesamtem Geist, der sich Mephostophiles nennt, ein Diener des hellischen Prinzen in Orient, mich untergeben, auch denselbigen, mich solches zu berichten und zu lehren, mir erwehlet, der sich auch gegen mir versprochen in allem unterthenig und gehorsam zu seyn. Dargegen aber ich mich hinwider gegen ihme verspriche und verlobe, dass so 24 Jahr, von Dato dies Briefes an, herumb und fürober gelauften, er mit mir nach seiner Art und Weis, seines Gefallens, zu schalten, walten, regieren, führen, gut Macht haben solle, mit allen, es sey Leib, Seel, Fleisch, Blut und

gut, und das in sein Ewigkeit. Hierauft absage ich allen denen, so da leben, allem Himmlischen Heer, und allen Menschen und das muss seyn. Zu festem Urkundt und mehrer Bekräftigung, hab ich diesen Reress eigner Hand geschrieben, unterschrieben, und mit meinem hie für getruckten eygen Blut, meines Sinns, Kopfts, Gedanken und Willen, verknüpfft, versiegelt und bezeuget, etc.
Subscriptio
Johann Fanstns, der Erfahrne der Elementen, von der Geistlichen
Subscriptio

Johann Faustus, der Erfahrne der Elementen, von der Geistlichen Doctur".

Teufelspakt aus der Nationalbibliothek in Paris, unterzeichnet vom Dämon Asmodeus

Wie man den Teufelspakt wieder aufkündigt

Der Höllenzwang gibt dazu folgende Arweisung:
Willst du nun von dem mit dem Geist gemachten
Pacto wieder los sein, so kaufe dir ein Lamm, einen
Erstling,
und schlachte es an einem Freitag im Namen Gottes.
Alsdann nimm des Lammes Blut und schreibe damit
einen Kreis um dich herum so gross wie du willst,
und schreibe in die erste Lage folgendes:

‚Also hat Gott die Welt geliebet, dass er seinen etc." Auf der anderen Lage schreibe folgendes:

Das ganze Evangelium Johannis. „Das Wort ward Fleisch" oder ‚Im Anfang war das Wort und das Wort war bei Gott etc." Dieses wird alles ganz aufgeschrieben.

„Das Blut Jesu Christi des Sohnes Gottes machet uns rein von allen Sünden" und „Wieviel euer getauft sind die haben Christum angezogen", wenn noch Platz ist das Lied:

„Gott der Vater wohn uns bei und lass uns etc."

Wenn du nun diesen Kreis fertig hast, musst du ihn auch ebenfalls mit der Haupt-KreisWeihung weihen, so ist er vor allen Teufeln fest, und es kann dir kein Leid begegnen von den Geistern. Es muss aber wie gesagt der ganze Kreis mit dem vorgedachten Lammblut geschrieben werden. Danach zitiere den Geist, mit dem du den Pakt gemacht hast, mit der auf den Geist gerichteten Zitation, und fordere deine Handschrift wieder zurück. Danach sprich im Kreis vor dem Geist: „O Deus Pater Deus Filius Deus Spiritus O Sanct Michael, dich bitte ich, dass du mir streiten helfest mit dem Satan, dem ich, oder der mir

so und so lange hat gedient auf so und so viele Jahre."
Dies sprich dreimal, und dann wie folgt: ‚Ich armer
Sünder stehe hier vor dir heiligem Jehova mit
grossen und schweren Sünden beladen, dieweil ich
mich habe gelüsten lassen, meiner ersten Mutter Art
nachzutun, und nach Geld und Gut getrachtet von
dem
Satan. Also bitte ich dich ewiger Jehova Adonay o
Adonam o Adonam o Agla o AgIam AgIy est et
EIohim Elay et Jesus Nazarenus Rex Judaeorum et
Deus Filius Komm heiliger Jehova hilf mir Ego
(Name) Deus Pater hilf mir Ego (Name) Deus Filius
hilf mir Ego (Name) Deus Spiritus hilf mir, dass der
Geist weichet. O Nazarenus hilf mir Pax masday
schaday SahIdam in nomine Dei Patris Dei Filii Dei
Spiritus Sancti. Amen."
Der Geist mag hierauf sagen, was er will, kehre dich
an nichts, er kann dir nichts tun, im Kreis sage dieses
Gebet, so weicht der Geist von dir, so bist du
Wiederum frei. Und wenn du den Pakt von dem
Geist zurück hast, denn vergrabe ihn drei Jahre lang
in einer Kirche. Auch musst du ihm seine Dienste
gleich die Stunde aufkündigen und sagen: Er wusste,
dass seine Zeit nun um wäre, und du möchtest seine
Dienste nicht mehr haben, und du wolltest dich
hiermit von ihm lossagen im Namen Gottes etc.
Hierauf sprich die Abdankung, wovor kein Geist
bestehen kann, sondern weichen muss: „Jesu Christo

Eloschy Maamado Agla docta Jesus Maasch
Rezazerenum Christe Rex Jehovam Judaeorum o
HiIiischi Pohily Hischacos Jehova o Hischacolam
Elohim."

Die Planetengeister, ihre Orte, ihre Gestalt und Siegel

In dem magischen Buch aus der Zeit um 1550 mit
dem Titel „Arbatel, de magia veterum" werden die
sieben Geister der Planeten auch Geister der Natur
genannt. Ihre Namen sind Aratron, Phaleg, Phul,
Bethor, Ophiel. Hagith. Och. Jeder dieser Geister leht
und vollbringt das, was sein Planet, dem er
zugeordnet ist, anzeigt und bedeutet. Im Buch
Arbatel werden diese Planetenherrscher nicht als
eindeutig böse Mächte bezeichnet, doch heisst es,
dass die besprochene Magie auch in der Richtung des
Bösen angewendet werden kann. Hier wird nnn
gezeigt, wie diese Geister zum Gespräch gebracht
werden.

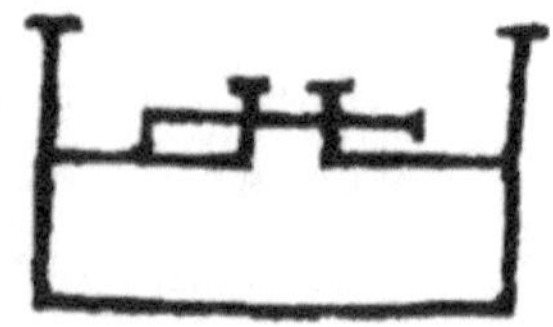

Aratron - Herr des Saturns

Saturnbeschwörungen macht man stets nach Eintritt der Dunkelheit, vorzugsweise in der Zeit Von 23 bis 0 Uhr nachts. Saturn entspricht in seiner höchsten Oktave Luzifer. Ich weise darauf hin, dass nicht jeder den Geistern dieser Sphäre gewachsen ist. Darüber sollte man sich im klaren sein, bevor man eine Verbindung mit den Geistern des Saturns anstrebt. Das Zeichen der Geister des Saturns ist weisse Erde, weisser als Schnee.

Aratron, der Herr des Saturns, kann alle Dinge, auch ein Tier oder Kraut, in Stein verwandeln, Schätze in Kohlen und umgekehrt. Er macht unsichtbar, macht das Unfruchtbare fruchtbar und gibt ein hohes Alter. Alatron lehrt Magie, Alchemie, Physik und herrscht uber 36000 Legtonen Geister. Eine Legion zählt 490. Als Tag für die Beschwörung wählt man den Samstag. Geeignetes Räncherwerk ist Storax, Schwefel, Myrrhe.

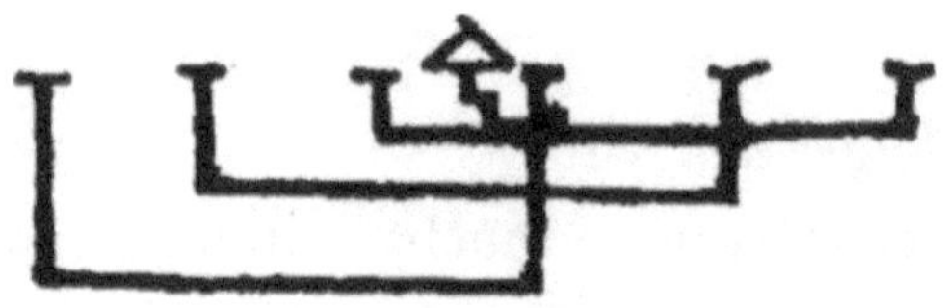

Phaleg ist ein Fürst des Krieges.

Wem er sein Siegel gibt, den erhöht er zu grosser Würde im Kriegswesen. Phaleg - der Herr des Mars Als Tag für die Beschwörung ist der Dienstag angebracht. Geeignetes Räucherwerk ist Schwefel, Pfeffer, Brennesselblätter.

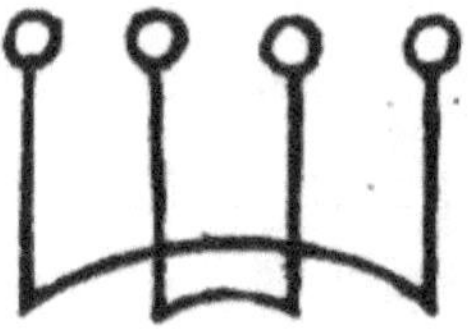

Phul - Genius des Mondes

Phul herrscht über die dem Mond zukommenden Dinge. Er verwandelt Metalle in Silber, gibt Wassergeister, die dem Menschen in leiblicher Gestall dienen und verschafft ein Alter von 300 Jahren. Der geeignete Tag für die Beschwörung ist Montag. Passendes Räucherwerk ist Aloe, Storax.

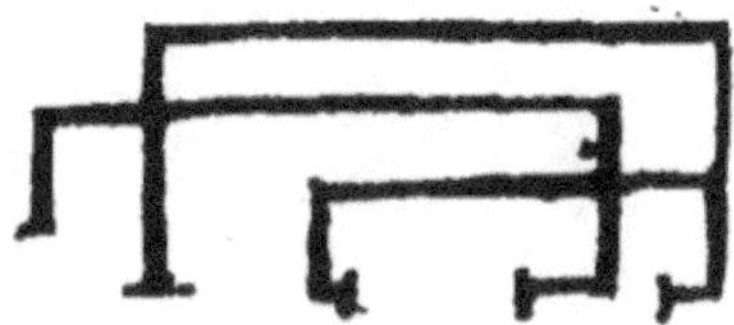

Bethor - Herr des Jupiters

Bethor regiert über die Dinge, die dem Planeten Jupiter zugehören. Wenn man ihn ruft, erscheint er bald. Er bringt den Beschworer zu grossen Ehren, gibt ihm grosse Schätze und verschafft ihm die Geister der Luft, die wahre Antworten geben und alle Sachen herbei schaffen, wie Edelsteine und Arzneien, die Wunder wirken. Bethor sind 29000 Legionen Geister untertan.

Die Geister des Jupiters sind von cholerischem Temperament, mittlerer Statur und sanften Blickes. Ihre Farbe ist dunkelblau. Ihr Zeichen: Es erscheinen neben dem Kreis Leute, die dem Anschein nach von Löwen verschlungen werden. Als Tag für die Beschwörung wählt man Donnerstag. Zweckmässiges Räucherwerk ist Safran, Weihrauch, Lavendel, Minze

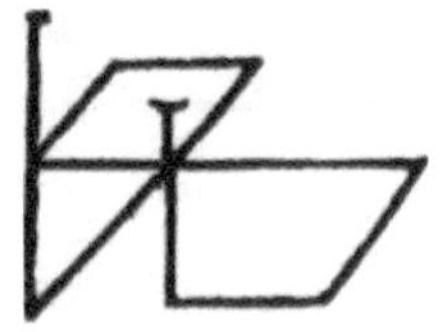

Ophiel - Herr des Merkurs

Ophiel beherrscht alle Sachen, die dem Planeten Merkur zugehören. Er lehrt alle Künste und verleiht sehr leicht dienstbare Geister. Die Zahl der Geister, die unter seiner Macht stehen beträgt 100000 Legionen.

Als Tag für die Beschwörung ist der Mittwoch angebracht. Geeignetes Räucherwerk ist Storax, Mastix, Schwefel, Weihrauch. Hagith - Herr des Planeten Venus

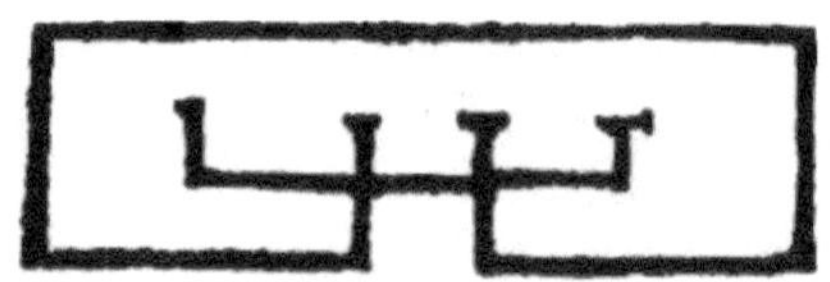

Hagith beherrscht die Dinge, die der Venus zugehören. Er gibt dem Beschwörer eine schöne Gestalt und verwandelt Kupfer in Gold und umgekehrt. Hagith gibt Geister, die dem Magier treu dienen, er hat unter seiner Herrschaft 4.000 Legionen Geister. Die Venusgeister erscheinen von schöner Gestalt, mittlerer Statur, mit liebenswürdiger und freundlicher Miene. Ihre Farbe ist weiss oder grün, darüber vergoldet. Ihr Zeichen ist, dass neben dem Kreis spielende Mädchen erscheinen, die den Beschwörer zum Spiel einladen.

Als Tag für die Beschwörung nimmt man Freitag. Passendes Räucherwerk ist Myrte, Kamille, Sandelholz. Och - Herr der Sonne

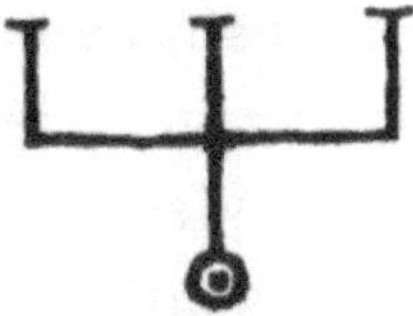

Och verwaltet die Dinge, die der Sonne zugehören. Er verleiht die höchste Weisheit, lehrt Arzneikunde, verhilft zn Geld und grossen Ehren. Och hat unter sich 36536 Legionen Geister. Als Tag für die Beschwörung ist der Sonntag angebracht. Das richtige Räucherwerk ist Myrrhe, Weihrauch oder Schwefel.

Die Beschwörung der guten Geister

Die guten Geister sind leichter herbeizurufen als die bösen. Die guten Geister nämlich erscheinen, sobald sie einen Menschen mit guter Absicht vernehmen. Sie werden durch besonders heilige Namen, Beschwörungen im Namen der göttlichen Kraft,

Beschwörungen bei heiligen Symbolen, bei den Wundern, bei den Sakramenten und dergleichen herbeigerufen, welche die bösen Geister hingegen fürchten und vertreiben. Solche Beschwörungen sind unter allen am wirksamsten und stärksten, da sie auf die Geister mit gebieterischer Macht wirken.

Es ist wichtig, bevor man zur Tat schreitet, die Beschwörung genau zu studieren. Am besten ist es, diese auswendig vorzutragen, denn die Geister, gute wie böse, beobachten alles genau und lesen das Wissen des Beschwörers an seinen Tun und Lassen ab. Wird eine Beschwörung abgelesen, so schliessen sie daraus, dass der Beschwörer sich nicht auskennt und werden widerspenstig und halsstarrig. Alle Beschwörungen sollen nicht leise, verdüstert oder unverständlich gemurmelt werden, aber auch nicht herumgeschrieen werden, sondern mit fester, natürlicher Stimme vorgetragen werden.

Als Zeit für die Beschwörung ist zunehmender Mond passend, man beachte ausserdem, ob der Geist einem bestimmten Tag zugeordnet ist. Der Ort der Beschwörung sollte möglichst sauber, still und abgeschieden sein. Wenn die Beschwörung in der Stadt durchgeführt wird, sollte die Wohnung für fremde Blicke uneinsichtig sein, denn die Neugierde ist gross. Als Kleidung ist etwas Weisses angebracht, was von allen Seiten geschlossen ist und bis auf den Boden reicht.

Während der Vorbereitungszeit lässt man geweihte Kerzen brennen, die dabei nicht Verlöschen dürfen. Daraufhin errichtet man den Kreis auf dem Boden, den man zusätzlich mit heiligen Zeichen und Namen Versehen kann, die mit dem Beschwörungswerk in Beziehung stehen, und begibt sich hinein. Den Kreis und alle Utensilien weiht man mit Weihwasser. Danach macht man eine Räucherung, die mit dem Geist harmoniert, konzentriert sich auf das Siegel des Geistes und beginnt dann mit dem Zauberstab in der Hand und lauter Stimme die Beschwörungen. Dazu ruft man zuerst die Engel der Weltgegenden an, deren Namen findet man im Kapitel dieses Buches über die Siegel der Engel: „Oh ihr Engel, ... (Namen) seid mir wohlgesonnen und unterstützt mich in meinem Vorhaben!", und nachdem man alle im Kreis geschriebenen Namen und Geister ebenfalls angerufen hat, spricht man weiterhin: "Euch alle beschwöre ich bei dem Throue Adonais und bei diesen drei verborgenen Namen: AgIa, On, Tetragrammaton, dass ihr heute meine Wünsche gewähret!" Hierauf spricht man die Beschwörungsformel für den Engel, den man herbeiziehen will.

Die Beschwörungsformel für den Erzengel Michael (lateinisch):

„Conjuro et confirmo super vos Angeli fortes Dei, et sancti, in nomine Adonay, Eye, Eye, Eye, qui est ille, qui fuit, est et erit, Eye, Abraye: et in nomine Saday, Cados, Cados, Cados, alie sendentis super Cherubin, et per nomen magnum ipsius Dei fortis et potentis, exaltatique super omnes coelos, Eye, Saraye, plasmatoris seculorum, qui creavit mundum, coelum, terram, mare, et omnia quae in eis sunt in primo die, et sigillavit ea sancto nomine suo Phaa: et per nomina sanctorum Angelorum, qui dominantur in quarto exercitu, et serviunt coram potentissimo Salamia, Angelo magno et honorato: et per nomen stellae, quae est Sol, et per signum, et per immensum nomen Dei vivi, et per nomina omnia praedicta, conjuro te Michael angele magne, qui es praepositus Diei Dominicae: et per nomen Adona, Dei Israel, qui creavit mundum et quicquid in eo est, quod pro melabores, et ad moleas omnem meam petitionem, juxta meum velle et votum meum, in negotio et causa mea."

"Ich beschwöre über euch, ihr starken und heiligen Engel, im Namen Adonai, Ehe, Ehe, Ehe, der da ist, war und sein wird, Ehe, Abrahe, und im Namen Sadai, Cados, Cados, der über den Cherubim thront, und bei dem grossen Namen des starken und allmächtigen Gottes, der über alle Himmel erhaben, Ehe, Sarahe, des Weltenschöpfers, der am ersten Tage die Welt, Himmel, Erde und Meer erschaffen, und alles, was darin ist, und es mit seinem Namen Phaa bezeichnete, wie auch im Namen aller heiligen Engel, die im vierten Heere herrschen und dem mächtigen Salamia, dem grossen und geehrten Engel dienen, bei dem Namen des Gestirns der Sonne und seinem Zeichen, bei dem unerforschlichen Namen des lebendigen Gottes und bei allen vorgedachten Namen beschwöre ich dich, Michael, grosser Engel, der du dem Sonntag vorgesetzt bist, dass du mir helfest und mein Begehren erfüllst in meinem Geschäft und Anliegen (hier nennt man das Anliegen und sagt auch, warum die Beschwörung unternommen wurde)."

Die Beschwörungsformel für den Erzengel
Gabriel (lateinisch):

„Conjuro et confirmo super vos Angeli fortes et boni,
in nomine Adonay, Adonay, Adonay, Eie, Eie, Eie,
Cados, Cados, Cados, Achim, Achim, Ja, Ja, Fortis, Ja,
qui apparuis monte Sinai, cum glorificatione regis
Adonay, Saday, Zebaoth, Anathay, Ya, Ya, Ya,
Marinata, Abim, Jeia, qui maria creavit stagna et
omnes aquas in secundo die, quasdam super coelos,
et quosdam in terra. Sigillavit mare in alio nomine
suo, et terminum, quam sibi posuit, non praeter est.
et per nomina Angelorum, qui dominantur in primo
exercitu, qui serviunt Orphaniel Angelo magno,
precioso et honorato. et per nomen Stellae, quae est
Luna. et per nomina praedicta, super te conjuro,
scilicet Gabriel, qui es praepositus diei. Lunae
secundo quod pro me Iabores et adimpleas, etc."

Übersetzung:

‚Ich beschwöre über euch, ihr starken und guten
Engel, im Namen Adonai, Adanai, Adonai, Eie, Eie,
Eie, Cadoa, Cados, Cados, Alhim, Alhim, Ja, Ja, des
starken Ja, der auf Sinai erschien in der Herrlichkeit
des Königs Adonai, Sadai, Zebaoth, Anathan, Va, Va,
Va, Abim, Jeia, der die Meere und alle Wasser
erschaffen hat am zweiten Tag, die einen über den
Himmeln, die ändern auf Erden, und der das Meer

mit seinem hohen Namen bezeichnete und ihm seine Grenze anwies. Ich beschwöre euch bei den Namen der Engel, die im ersten Heere herrschen, und denen Orphaniel, der grosse, herrliche und geehrte Engel vorgesetzt ist, bei dem Namen des Mondes und bei den vorgenannten Namen beschwöre ich dich, Gabriel, der du dem Montag vorgesetzt bist, dass du mir hilfst ... (hier folgt der Auftrag)."

Die Beschwörungsformel für den Engel Samael, welcher anfangs im Himmel gewesen ist (lateinisch):

‚Conjuro et confirmo super vos, Angeli fortes et sancti, per nomen Ya, Ya, Ya, He, He, He, Va, Hy, Hy, Ha, Ha, Ha, Va, Va, Va, An, An, An, Aie, Aie, Aie, El, Ay, Elibra, Eloim, Eloim. et per nomina ipsius alti Dei, qui secit aquam aridam apparere, et vocavit terram, et produxit arbores, et herbas de ea, et sigillavit super eam cum precioso, honorato, metuendo et sancto nomine suo. et per nomen angelorum dominantium in quinto exercitu, qui serviunt Acimoy Angelo magno, forti, potenti, et honorato. et per nomen Stellae, quae est Mars. et per nomina praedicta conjuro super te Samael, Angele magne, qui praepositus es diei Martis. et per nomina Adonay, Dei vivi et veri, quod pro me Iabores, et adimpleas, etc."

Übersetzung:

‚Ich beschwöre euch, ihr starken und heiligen Engel, bei dem Namen Va, Va, Va, He, He, He, Ba, Hh, Hh, Ha, Ha, Ha, Ba, Ba, Ba, An, An, An, Aie, Aie, Aie, El, Ah, Elibra, Eloim, Eloim, und bei den Namen des höchsten Gottes, welcher die Wasser austrocknet und die Erde hervorrief, und Bäume und Gräser, und sie mit seinem herrlichen, hohen, furchtbaren und heiligen Namen besiegelte, bei den Namen der Engel, welche im fünften Heere herrschen und dem grossen, starken und mächtigen Engel Aeimoh dienen, bei dem Namen des Sterns, welcher Mars heisst, bei allen vorgebrachten Namen und bei dem Namen Adonai, des lebendigen und wahren Gottes, beschwöre ich über dich, grosser Engel Samael, der du dem Dienstag vorgesetzt bist, dass du ... (hier folgt der Auftrag)."

Die Beschwörungsformel für den Erzengel Raphael (lateinisch):

„Conjuro et confirmo vos angeli fortes, sancti et potentes, in nomine fortis, metuendissimi et benedicti Ja, Adonay, Eloim. Saday, Saday, Saday, Eie, Eie, Eie, Asamie, Asaraie. et in nomine Adonay Dei Israel, qui creavit Iuminaria magna, ad distinguendum diem a nocte. et per nomen omnium Angelorum deservientium in exercitu secundo coram Tetra Angelo majori, atque forti et potenti. et per nomen Stellae, quae est Mercurius. et per nomen Sigilli, quae sigillatur a Deo fortissimo et honoratio. per omnia praedicta super te Raphael Angele magne, conjuro, qui es praepositus die. quartae. et per nomen sanctum quod erat scriptum in fronte Aaron sacerdotis altissimi creatoris. et per nomina Angelorum qui in gratiam Salvatoris confirmati sunt. et per nomen sedis Animalium, habentium senas alas, quod pro me labo, et, etc."

Übersetzung:

‚Ich beschwöre über euch, ihr starken und heiligen Engel, im Namen des starken, furchtbaren Ja, Adonai, Eloim, Sadai, Sadai, Sadai, Eie, Eie, Eie, Asamie, Asarie, im Namen Adonai, des Gottes Israel, weleher die grossen Himmelslichter erschaffen hat, dass sie Tag und Nacht unterscheiden, im Namen der Engel, die im zweiten Heere vor dem grossen, starken und mächtigen Engel Tetra dienen, im Namen des Sterns, welcher Merkur heisst, im Namen des Siegels Gottes, des Allmächtigen, bei allen vorgedachten Namen und bei dem heiligen Namen, der geschrieben war an der Stirne Aarous, des Priestees des höchsten, bei den Namen der Engel, denen die Gnade des Erlösers zuteil wurde, bei den

Namen der Tiere des Thrones, die sechs Flügel
haben, beschwöre ich über dich, grosser Engel
Raphael, der du dem vierten Tage Vorgesetzt bist
...(hier folgt der Auftrag)."

Stellt man eine Forderung an den Geist, und er
weigert sich, es auszuführen, dann überdenke man
znnächst, ob es der passende Geist für diese Aufgabe
ist, denn die Geister habe ihre besondere Ordnung
und können nicht alle dieselben Dinge vollbringen.
Von den Engeln verlangt man nichts Schädliches.
Sollte der Engel noch nicht erschienen sein, so zwingt
man ihn durch die folgende Beschwörung: „Bei den
drei heiligen Namen Agla, On, Tetragrammaton
beschwöre ich dich, dass du sogleich neben diesem
Kreise in menschlicher Gestall erscheinst. Komme
bei dem Namen Adonai, Zebaoth, Adonai, Amioram!
Komm, es gebietet euch der, dessen Macht keine
Kreatur entfliehen kann, Adonai, Sadai, El, Ath,
Titeip, Azia, Hhnm Minosel, Achadan, Bah, Baa, Eh,
Haa, Ehe, Ere, a El, El, El, a Hh, Hau, Hau,Hau, Ba,
Ba, Ba, Ba!"
Dann stellt sich der Beschwörer in die Mitte des
Kreises, hält die Hand an das Pentakel und spricht:
‚.Sieh hier das Pentakel Salomonis, sieh die Person
des Beschwörers, der mit der grössten Macht
ausgerüstet unerschrocken zu dir ruft! Bei dem

Pentakel Salomonis, komme sofort herbei und gib mir Antwort!"

Das Pentakel sollte an einem Mittwoch bei zunehmendem Mond hergestellt werden und auf Pergament gezeichuet sein.

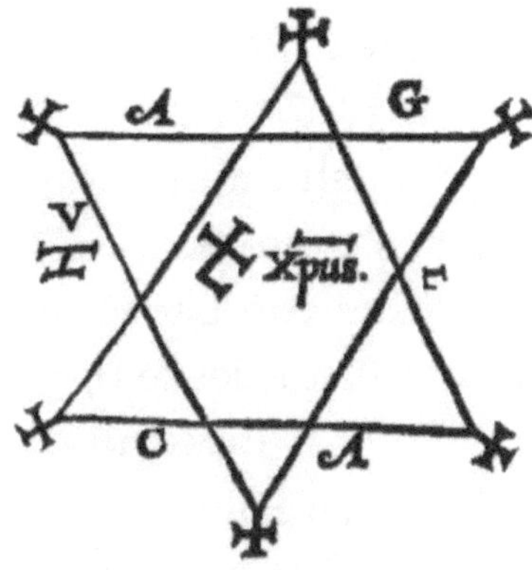

Das Pentakel

Erscheint er jetzt, begrüsst man ihn freundlich und trägt man sein Anliegen vor. Zur Verabschiedung wird gesprochen: ,Friede sei zwischen mir und dir; nun kehre wieder an deinen Ort zurück und erscheine, sobald ich dich wieder beschwöre!"

Sollte der Engel nicht erschienen sein, ist das kein Grund die Hoffnung aufzugeben, sondern man wiederholt die Operation an einem anderen Tag, wo man dann anch vorher begangene Fehler verbessern kann.

Siegel einiger Engel

Michael

Der Name Michael bedeutet „Wer ist wie Gott?". Er gilt als der ranghöchste Engel. Er ist der Engel, der für Israel kämpfte (Daniel 10,13.21; 12,1) und der die von Gott abgefallenen Engel aus dem Himmel stürzte(Offenbarung 12, 7-9). Er gehört zu den vier Erzengeln zusammen mit Gabriel, Raphael und Uriel (hebr. ‚Mein Licht ist wie Gott"). Michael geleitet Seelen über die Grenze von Leben und Tod und ist ein Führer in und durch die jenseitige Welt. Er ist der Herr des Wassers, des Eises und des Winters. Michael ist dem Planeten Sonne zugeordnet und der Engel des Sonntags, er ist gegen Osten herbeizurufen, das dazugehörige Räucherwerk ist rotes Sandelholz. Die Engel der Luft an diesem Tag heissen Varcan, der König; Tus, Andas, Cynabal (seine Diener).
Engel der Weltgegenden (am Sonntag anzurufen):
Gegen Osten: Samael. Baciel. Atel. Gabriel.Vionairaba.
Gegen Westen: Anael. Pabel. Ustael. Burchat.Suceratos. Capabili.
Gegen Norden: Aiel. Aniel, vel Aquiel. Masgabriel. Sapiel. Matuyel.

Gegen Süden: Haludiel. Machasiel. Charsiel. Uriel. Naromiel

Siegel des Erzengels Michael

Gabriel

Gabriel ist hebräisch und bedeutet ‚Starker Gottes".
In der Bibel ist er ein Engel, der als Bote Gottes
auftritt, erstmals bei Daniel (8,16-27). Im Neuen
Testament bringt er Maria die Nachricht, dass Gott
sie zur Mutter seines Sohnes erwählt hat (Lukas 1, 26-
20). Gabriel ist der Engel der Zeugung, der Geburt
und aller Anfänge, der Behüter alles Wachsenden, er
gilt als der Lebensbringer. Er ist der Genius des
Mondes und aller Mondenkräfte, darum ist ihm der
Montag zugeordnet. Gabriel ist ausserdem der
Genius des Feuers und des Sommers. Er sollte gegen
Osten erwartet werden, der Rauch besteht aus Aloe.
Die Engel der Luft an diesem Tag haben die Namen
Arcan, der König; Bilet, Missabu, Abuzaha (seine
Diener). Engel der Weltgegenden (am Montag
anzurufen): Gegen Osten: Gabriel. Gabrael. Madiel.
Deamiel.
Janael.

Gegen Westen: Sachiel,
Zaniel. Habaiel. Bachanael
Corabael Gegen Norden:
Mael. Vuael. Valnum. Baliel.
Balay. Humastrau.
Gegen Süden: Curaniel. Dabriel. Darquiel. Hanun.
Anayl. Vetuel.

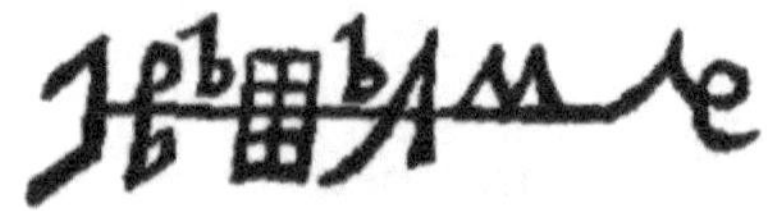

Siegel des Erzengels Gabriel

Raphael

Die Aufgabe Raphaels ist bereits in seinem Namen enthalten, welcher hebräisch ist und bedentet „Gott heilt" oder „Heil von Gott". Raphael ist als heilende Macht über alle Krankheiten und Wunden des Menschen gesetzt. Er ist der Patron der Pilger und Reisenden, der Inbegriff des Schutzengels überhaupt.

Raphael wird als Erzengel der Luft angerufen und ist der Engel des Mittwochs, das Räucherwerk besteht aus Mastix.

Die Engel der Luft dieses Tages heißen Mediat oder Modiat, König; Suquinos, Sallales (seine Diener).

Engel der Weltgegenden (am Mittwoch anzurufen):
Gegen Osten: Mathlai. Tarmiel Baraborat.
Gegen Westen: Jeresous. Mitraton.

Gegen Norden: Thiel. Rael. Jariahel.
Venahel. Velel Abuiori. Ucirnuel.
Gegen Süden: MiIliel. Nelapa. Babel.
Caluel. VeI. Laquel.

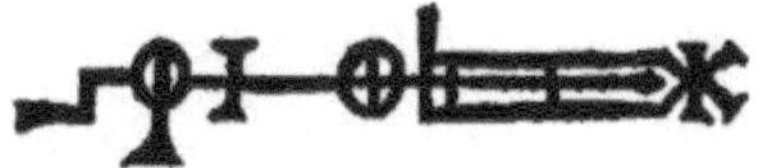

Siegel des Erzengels Raphael

Samael (Sammael, Samiel)

Der Name Samael stammt ans dem aramäischen
„samel", was soviel wie „Gift Gottes" bedeutet. Der
Name wird auch als „der Linke" übersetzt. In den
apokryphen, (d. h. in den kirchlich nicht als echt
anerkannten) Schriften wird er als einer der Engel
bezeichnet, die gegen Gott rebellierten. Zusammen
mit seiner Partnerin Lilith regiert er das Reich des
Bösen und der Unreinheil. Verschiedentlich wird er
auch als Todesengel verstanden. Einige
Überlieferungen bezeichnen ihn als „blinden Engel".
Er ist ausserdem ein Planetendämon des Mars, der
über Scharen von Dämonen gebietet. Samael ist der
Engel des Dienstags, der Rauch wird aus Pfeffer
gemacht. Die Engel der Luft an diesem

Tag werden
genannt Samax,
der König,
Carmax, IsmoIi,
Paffran (seine
Diener).
Engel der Weltgegenden (am Dienstag anzurufen):
Gegen Osten: Friagne. GuaeI. Damael.
Calzas.Arragon.
Gegen Westen: Lama, Astagna. Lobquin. Soncas.
JazeI. Isiael. IreI.
Gegen Norden: RahumeI. Hyniel.
Rayel. Seraphiel. Mathiel. Fraciel.
Gegen Süden: Sacriel. Janiel.
GaIdel. Osael. Vianuel. Zaliel.

Siegel des gefallenen Engels Samael

Sachiel

Sachiel ist der Engel des Donnerstags, Raucherwerk: Safran. Die Engel, welche an diesem Tag in der Luft herrschen, werden genannt Suth, König; Maguth, Gutrix (seine Diener).

Weil am Donnerstag keine Engel der Weltgegenden angetroffen werden, spricht man stattdessen folgende Beschwörung:

Gegen Osten: O Deus magne et excelse, et honorate, per infinita secula.

Gegen Westen: O Deus sapiens, et clare, et juste, ac divina clementia. ego rogo te pissime Pater, quod meam petitionem, quod meum opus, et meum laborem hodie debeam complere, et perfecte intelligere. Tu qui vivis et regnas per infinita secuöa seculorum, Amen.

Gegen Norden: O Deus potens, fortis, et sineprincipio.

Gegen Süden: O Deus potens et Misericors.

Siegel des Engels Sachiel

Anael

Anael ist der Engel des Freitags, der Rauch ist Tostus. Die Engel der Luft dieses Tages heißen Sarabotes der König, Amabiel, Aba, Abalidoth, Flaef (seine Diener).

Engel der Weltgegenden (am Freitag anzurufen): Gegen Osten: Setchiel. Chedusitaniel. Corat.

Tamael. Tenaciel.

Gegen Westen: Turiel Coniel. Babiel. Kadie. Maltiel. Huphaltiel.

Gegen Norden: Peniel. Pemael. Penat. Raphael. Raniel. Doremiel.

Gegen Süden: Porna. Sachiel. Chermiel. Samael. Santanael. Famiel.

Siegel des Engels Anael

Cassiel

Cassiel ist der Engel des Samstags, der Rauch besteht aus Schwefel. Die Engel der Luft sind Maymon der König, Abumalith, Assaibi, Balidet (seine Diener). Weil auch am Samstag keine Engel der Weltgegenden angetroffen werden, spricht man stattdessen die Beschwörung vom Donnerstag (s. oben).

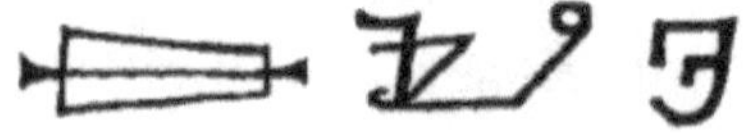

Siegel des Engels Cassiel

Zeichen der guten Geister

Als Zeichen der guten Geister gelten ein einfacher Punkt, ein runder Punkt, ein gestirnter Punkt, eine schiefe Linie, eine liegende Linie, eine gerade Linie, eine bogenförmig gekrümmte Linie, eine Wellenlinie, eine gezahnte Linie, eine gerade Einschnittslinie, eine eingefügte Linie, eine kreuzförmige Doppellinie.

Weitere Zeichen guter Geister sind eine schiefe Einschnittslinie einfacher Art, eine schiefe Einschnittslinie gemischter Art, eine vielfach durchstrichene Linie, eine gerade senkrechte Linie, eine linke senkrechte Linie, eine ungewisse Linie, eine vollständige Kreislinie, eine verkürzte Kreislinie, eine halbe Kreislinie, ein inhärenter Buchstabe, ein adhärenter Buchstabe und ein separierter Buchstabe.

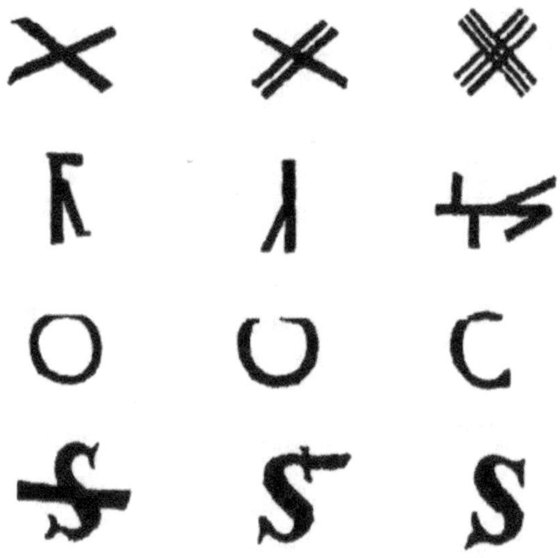

Siegel einiger Dämonen

Alger

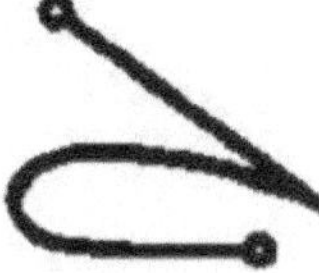

Nambroth

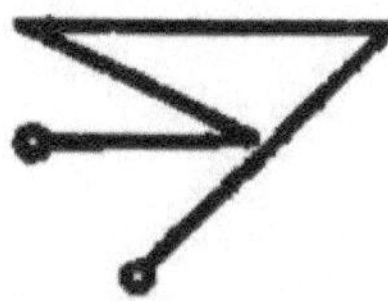

Nabam

Acham

Astaroth

Siegel aus dem Mirakel-Kunst und Wunderbuch, 16. Jahrhundert

Marbuel
Marbuel erscheint als zehnjähriger Knabe und ist geschwind wie ein Pfeil.

Barbuel
Barbuel ist Herr über alle Meere und Wasser.

Aziabel
Aziabel ist ein „grosser Geist, welcher wie ein kleines Kind erscheint und über die Rechtshändel herrscht."

Anifel

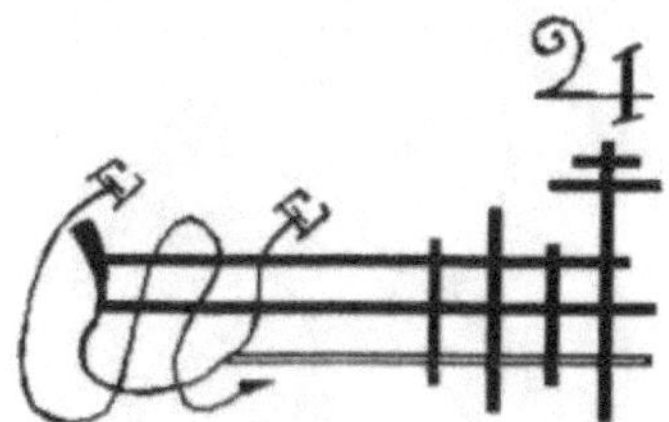

Der Fürst der Dämonen inmitten seiner Dienerschaft die durch Siegel dargestellt sind

*Zeichen und Siegel verschiedener Dämonen nach Agrippa, Abano
und aus einigen Zauberbüchern*

Signaturen von Dämonen aus "Le Véritable Dragon rouge". 1522

Totenbeschwörung (Nekromantie)

Durch die alte Kunst der Nekromantie, der Beschwörung von Toten, machen sich Magier die Toten gefügig. Auf Befehl des Beschwörers stehen sie aus den Gräbern auf und müssen seine Fragen wahrheitsgemäss beantworten.

Oft erscheinen Abgeschiedene aber auch ohne gerufen worden zu sein. Ihre Seele findet keinen Frieden, weil sie Böses getan haben oder versäumt haben, ausserordentliches in ihrem Leben zu leisten, oder aber, weil sie ein Geheimnis mit sich ins Grab genommen haben. Häufig ist ihr Benehmen unnatürlich und unverständlich. Sie starren vor sich hin, murmeln dunkle Worte, bleiben aber starr und unbeweglich. Sie laufen, ohne ihre Beine zu bewegen und kommen an die Orte zurück, die ihnen lieb waren. Manchmal scheinen sie völlig wahnsinnig, wiederholen ihre früheren Taten oder erschrecken ihre früheren Vertrauten durch geisterhaft unheimliches Benehmen. Sehr selten aber erscheinen die Seelen Verstorbener direkt, in der Regel werden Totenerscheinungen durch Engel vermittelt. Durch die Vermittlung der Engel ist die gegenseitige Verbindung von Lebenden und Toten möglich, was auch ohne das Wissen der Toten erfolgen kann. Die Engel können Scheinkörper in menschlicher Gestalt annehmen, die luftartig, aber dennoch sichtbar und fühlbar sind. Bei ihrer Erscheinung nimmt die sie umfliessende Luft gleichsam ihre Umrisse an, weshalb sie luft- und schattenartig aussehen. Die Vermittlerrolle der Engel kann auch von Dämonen übernommen werden, die von Natur aus dazu ebenfalls in der Lage sind. Dämonen können genauso ohne das Wissen der Verstorbenen Totenerscheinungen vortäuschen, die ihnen als Tarnung dienen, was sowohl im natürlichen Schlaf wie auch im künstlichen Wachschlaf (Trance) geschehen kann.

Methode der Totenbeschwörung zur sichtbaren Erscheinung Verstorbener

Wenn man einen Geist herbeirufen will, sollte man beachten keine Person zu beschwören, gegen die man eine Feindschaft hat, keinen Ermordeten, keinen Unglücklichen, an dessen Tod man eine Schuld trägt, den Geist nicht anzugreifen, noch zu schlagen, den Geist nicht zur Erscheinung zu zwingen, wenn dieser sich weigert.
Die Beschwörung eines Verstorbenen wird in einem ungestörten, sauberen und möglichst dunklen

Zimmer vorgenommen. Es ist zweckmässig die Beschwörung in der Nacht durchzuführen. Dazu begibt man sich alleine in das Zimmer und schliesst die Tür ab. Zur geringfügigen Beleuchtung zündet man einige Kerzen an und verbrennt etwas Weihrauch. Dann setzt man sich und konzentriert sich mindestens eine halbe Stunde genauestens auf die betreffende Person. Dabei stellt man sie sich bildlich vor. Nach einer Weile der Konzentration beginnt man in Gedanken ihren Namen zu rufen. Nun formt man mit beiden Händen eine Art magnetische Wolke in die Luft und lässt die Person langsam daraus erscheinen. Formt sich allmählich ihre Gestalt, ruft man dreimal laut ihren Namen und befiehlt ihr zu erscheinen. Dabei kann man auch darum bitten, der Tote möge ein Zeichen geben, z.B. ein Klopfen, damit man sich der Anwesenheit sicher sein kann. Hat man das geforderte Zeichen vernommen, kann man seine Fragen stellen. Man sollte jedoch keine Antworten auf bestimmte Fragen erzwingen und die Fragen langsam und nacheinander stellen. Fragen über den derzeitigen Aufenthaltsort des Toten sollten besser vermieden werden. Zur Verabschiedung bedankt man sich und befiehlt dem Toten wieder an seinen Ort zurückzukehren.

Ritual zur Totenbeschwörung

Beschwörungen sollten immer begründet sein und einen Zweck haben, andernfalls sind es sehr gefährliche Operationen. Aus reiner Neugier oder nur um zu erfahren, ob man etwas sieht, heisst sich von vornherein vergeblich zu bemühen. Folgendermassen kann man bei der Totenbeschwörung vorgehen:

Zunächst sammelt man alle Erinnerungen an die Person, welche man zu sehen Wünscht, indem man mit Gegenständen, die ihr dienten, ein Zimmer möbliert, wie sie es lebend benutzte, oder einen ähnlichen Raum. Dort stellt man ihr Bild verschleiert inmitten von täglich zu erneuernden Blumen, die derjenige mochte. Dann setzt man einen bestimmten Tag fest, an dem man die Beschwörung vornimmt, vorzugsweise einen Tag, der für die Person bedeutsam war. Vierzehn Tage lang vor diesem Tag muss man sich jeden Abend zur selben Zeit mit einer Kerze in dem bestimmten Zimmer einschliessen. Dort stellt man die Kerze hinter sich und enthüllt das Bild, in dessen Gegenwart man eine Stunde schweigend verbringt. Dann räuchert man das Zimmer mit Weihrauch und geht rückwärts heraus.

An dem für die Beschwörung festgesetzten Tag geht man zu der üblichen Stunde schweigend in das

Zimmer, macht ein Feuer und gibt siebenmal Weihrauch darauf, während man den Namen der Person ruft, die man sehen will. Dann lässt man das Feuer ausgehen. An diesem Tag entschleiert man das Bild nicht. Ist das Feuer erloschen, ruft man Satan an, dabei muss man sich mit der Person, die man sehen will, identifizieren, so sprechen wie sie sprechen würde und sich für diese halten. Nach kurzer Zeit des Schweigens spricht man zu der Person, die man sehen will und befiehlt ihr, sich zu zeigen. Dann ruft man ihren Namen dreimal mit lauter Stimme. Danach spricht man noch einige Minuten geistig mit ihr, ruft anschliessend wieder dreimal ihren Namen. Sieht man dann nichts, so muss man diesen Versuch zu anderen Zeitpunkten bis zu dreimal wiederholen. Sicher ist, dass man wenigstens das dritte Mal die gewünschte Erscheinung haben wird, und je länger sie gezögert hat, um so sichtbarer und wirklichkeitsgetreuer wird sie sein.

Rezept zur Materialisationsräucherung

Totenopfer und Blut haben bei Ritualen zur Totenbeschwörung den Sinn, dass die Bestandteile desselben als Mittel verwendet werden, durch welche sich die Astralkörper Abgeschiedener zeitweise verdichten (materialisieren) können, ohne die dazu nötigen Stoffe vorübergehend dem Beschwörer entziehen zu müssen. Auch Agrippa von Nettesheim sagt dazu: "Man räuchert beim Zitieren der Schatten besonders mit Blut und gebraucht dabei Todtenbeine, Fleisch, Eier, Milch, Honig und Ähnliches, Was den Seelen ein geschicktes Mittel zur Annahme eines Körpers darbietet."

Man gebrauchte aber auch ähnliche Dinge zu Materialisationsräucherungen. Dazu gibt es im Buch "Aufschlusse über Magie" von Eckartshausen folgende alte Vorschrift:

„Nimm Weissen Weihrauch, stosse ihn zu feinem Pulver, mit feinem Mehl vermischt, nimm dann ein Ei, schlage es ab, Vermische es mit Milch und Rosenhonig und giesse ein Wenig Öl dazu. Diesen Teig Vermenge mit obigem Pulver von Weihrauch und Mehl, dass es zu einer Masse wird, und wirf einige Körner davon in die Kohlpfanne mit dem ernsthaften Willen, dass sich die Person, die man begehrt, sichtbar zeigen soll." Des weiteren ist als Materialisationsmittel geeignet: „mit geraspeltem Aloeholz vermischter Walrath, sowie auch mit gepulvertem Knochen vermischtes Lämmerblut."

Methode der Totenbeschwörung nach der Vorschrift des Trithemius

Die nachfolgende Vorschrift stammt aus dem Buch „Heimliches und übernatürliches Geheimnis des Geistes und der Seele der Welt und der natürlichen Magia" von Trithemins von Sponheim, 1506. Man belächele nicht die Einzelheiten der Vorschrift, denn sie sind nicht das wirksame, sondern die durch sie erregte magische Tätigkeit der Psyche.

„Willst du mit dem Monde reden oder mit den Sternen oder mit den Toten oder was du willst, so mache dir folgende Figur (gezeigt ist ein Engel, der auf der rechten Hand einen Hahn trägt, während in einem strahlenden Dreieck das Symbol des Planeten Mars zu sehen ist). Dann nimm einen lebendigen weissen Hahn und Henne und haue ihnen das Haupt ab über einem Gefäss mit Wasser, dass es sich einander also vermenge. Danach nimm das gemengte Wasser und setze es an die Sonne; dieses muss geschehen, wenn die Sonne selbigen Tages am höchsten steht, dass es warm werde, und rühre weisses Weizenmehl darein, mache drei Kuchen daraus und lass solche an der Sonne liegen und trocken werden. Dann schreibe mit eben dem Blute von dem Hahne auf diesen Kuchen der Engel Namen von der fünften Schaar und dazu ihres Obersten

Atymor auf jeden Kuchen besonders geschrieben. (Dies sind die Engel der fünften Schar nach ihrer Ordnung: Ihr Oberster ist Atymor.

1) Barut, Saquinatel, Malgynic, Tora, Nafact., Dymhy, Sequinae, Panatur, Marsus.
2) El, Compedell. Caryemas, Tylayel, Cequiniel, Faedyrymae, Tychel, Quenes, Vastor, Turcasaff, Tetnaquesa, Naasa, Atayel, Tzy, Malynars, Vielator, Dymolaael, Tudern, Dymae, Aroe.
3) Terat, Thal, Fugnal, Salmaros, Futus, Betana, Achar, Carba, Naratym, Acay Quyrba, Aquyn, Sarao, Dyraan, Ynoro, Saramac, Gnaapelat, Malquaya.
4) Dycar, gnye, Caratif, Bycar, Gudell, Paratas, Jama, Natyanny, Turoac, Thebata, Taaca, Narta, tye,Tamyla, Oglyn, Alayel, Sacymila, Gundyel, Alsyel, Tanna.
5) Sabyel, Lacatoff Arnetye, Sabora, Ale, Abdahut, Sachyda, Gnabyel, Puyz, Tractaff, Fitdangmorachel, Massynar, Dymna.)

Danach lege die Kuchen unter den Mond und die Sonne und sprich also:

‚Ich beschwöre euch bei Atymor und aller Engel Namen der füunfen Schar, dass ihr den Sternen, über welche ihr herrschet, und über den Mond, dass ihr ihnen die Kraft gebet, dass sie mir auf alle Fragen antworten können, anch das vollbringen, worum ich sie bitte."

Dann nimm den Hahn mit den zwei Kuchen, tue sie in ein irden Gefäss, mit reinem Wachs vermacht, und grabe das Gefäss in die Erde an einen Ort, wo die Sonne nicht hinscheinen kann. Dann lege dich schlafen, so wirst du mit den Sternen und dem Monde reden und in dem Schlafe alles erfahren, was du in Gedanken wissen willst.

Den dritten Kuchen aber zerbrich zwischen deinen Händen den andern Tag und lege solchen in ein zerbrochen Geschirr, mit einem alten Wein vermischt, setze solchen in die Sonne und lege dich auf die Erde und sprich:

,Ich beschwöre euch Engel mit euren Lichtangesichtern, mit wohlzutun und das zu eröffnen um des Willen, dem ihr dient, dem grossen Schöpfer Himmels und der Erde, dass ich Gnade finde bei euch das zu vollbringen, was ich vorhabe." Dann wasche deinen Mund aus. Dies tue neun Morgen hintereinander, dann bist du bereit mit den Toten zu reden. Dann gehe an den Ort, wo derselbige liegt, und nenne die Namen der Engel der fünften Schar und ihres Obersten namens Atymor. Dann habe auch bei dir ein Glas in welchem Oel und Meth vermischt ist, und sprich wie folgt:

‚Ich beschwöre euch Engel vorbenannt, die ihr über die Toten gesetzt seid und auf der Toten
Gebeine Acht haben müsset!"
Und setze dasselbe hin auf die Erde, so wird folgendes verschwinden und sprich also: „Höret, dass ihr tut meinen Willen und den ... (Name des Toten) zu mir heraufbringt, mit ihm zu reden, was ich ihn in der Wahrheit tragen werde, dass er mir solches ohne allen Schrecken offenbaret." Wiederhole die Beschwörung noch einmal. Sobald dn siehst, dass die Erde sich auftut, so nimm das zerbrochene Gefäss mit dem Wein und dem Kuchen und besprenge den Ort damit um dich, so wirst du ihn ohne allen Schrecken wieder ans dem Grabe hervorgehen sehen, dann rede mit ihm von welchen Dingen du willst und fürchte dich nicht vor ihm. Wenn du nun deines Willen gewähret, dann nimm das zerbrochene Gefäss in deiner Hand und gib ihm Urlaub, nämlich wirf das Gefäss vor dir nieder in Stücken, so verschwindet er augenblicklich. Sei verschwiegen und offenbare nichts ohne den Willen des Toten, den du gerufen hast."

Bedeutende Magier Eliphas Lévi (1010 -1075)

Eliphas Lévi ist das Pseudonym von Alphonse-Louis Constant (das Pseudonym ist die Hebräisierung seines Vornamens). Lévi war französischer Okkultist, ursprünglich katholischer Theologe. Er veröffentlichte grundlegende Werke über Kabbala, Magie und Tarot. Seine Schriften übten einen nachhaltigen Einfluss auf die späteren Okkultisten und Satanisten aus. Der Magier Aleister Crowley behauptete, Lévis Reinkarnation und dessen okkulter Erbe zu sein. Lévi formulierte drei Grundgesetze, die das Wesen magischer Vorgänge erklären sollen:

1.   Das Gesetz der Willenskraft. Jedem Menschen entströmt eine Art übernatürliche Kraft, die mit dem Willen gleichgesetzt ist. Durch magische Rituale und Symbole kann man diese Willensaustrahlung verstärken.

2.   Die Existenz des sogenannten „Astralen Lichts". Gemeint ist damit eine alles durchdringende Substanz, die das Universum ausfüllt, und die Fernwirkungen

z.B. Psychokinese (das Bewegen von Gegenständen ohne physische Einwirkung) ermöglicht. 3. Das Korrespondenzprinzip.   Demnach   existieren zwischen dem Menschen und der Welt magische

Entsprechungen, so dass die Manipulation bzw. Kenntnis des einen Wirkungen bzw. Rückschlüsse auf das andere zulässt (Mikrokosmos-Makrokosmos-Lehre). Der Mensch ist ein magischer Spiegel des Universums, jedes Objekt im All hat seine Repräsentanz (Entsprechung) im Menschen. Deshalb ist es in der rituellen Magie möglich, in der Invokation diese äusseren Repräsentanten heranzurufen. In der Evokation werden dagegen die inneren Repräsentanten hervorgerufen. Evokation ist die magische Einflussnahme auf den Menschen durch Manipulation der Aussenwelt (z.B. die Erlangung von Kraft durch rituelles Töten eines Tieres). Invokation ist das Gegenteil (z.B. das Aufsagen eines Zauberspruchs zur Herbeiführung von Regen). Gibt es eine materielle Basis (z.B. Blut), so ist es möglich, dass die herbeizitierte Repräsentanz, die aus der Tiefe des Magiers stammt, sich physisch manifestiert.

Abraham von Worms (1362 ? - 1460)

Abraham von Worms wird auch Abraham der Jude genannt und ist der Autor eines hebräischen Zauberbuches aus dem Jahre 1307. 1450 erschien es in deutscher Sprache unter dem Titel „Die ägyptischen grossen Offenbarungen oder des Juden Abraham von Worms Buch der wahren Praktik in der göttlichen uralten Magie und in erstaunlichen Dingen, wie sie durch die heilige Kabbala und durch Elohim mitgeteilt wurde". Das Buch besteht aus vier Teilen. Im ersten Teil beschreibt Abraham, wie er den berühmten Magier Abramelin in Ägypten fand, der als Eremit in der Wüste lebte. Abramelin bedeutet soviel wie „Vater des Sandes". Im zweiten Teil vermittelt Abraham seinem Sohn Lamech, was er von Abramelin gelernt hat. Dieses magische Wissen nennt man Theurgie oder „Götterzwang", es beschreibt, wie man mit göttlichen oder dämonischen Wesen in Verbindung treten und ihre Dienste in Anspruch nehmen kann. Teil drei und vier enthalten die Beschreibung der magischen Mittel und ihrer Anwendung. Darin findet man eine Reihe von magische Quadraten und Namen von Dämonen, die zur Durchführung der magischen Operationen benötigt werden. Berühmt wurde das Buch durch den Orden Golden Dawn und OTO, die es bei ihren magischen Operationen benutzten. Aleister Crowley versuchte vergeblich mit den im Buch beschriebenen Ritualen seinen Schutzgeist anzurufen. Er musste die Beschwörung abbrechen, weil ihn grosse Angst befiel.

Cornelius Agrippa von Nettesheim (1406-1535)

Agrippa war Arzt, Jurist, Theologe und Magier. Sein Hauptwerk ist „De occulta philosophia" („Über die geheime Philosophie"), 1510. Zusammenfassend lässt sich seine Lehre so formulieren: Gott regiert zwar die Welt, aber die Ausführung seines Willens überlässt er seinen Dienern, zu denen auch die Dämonen gehören. Die Welt ist hierarchisch aufgebaut, und alles ist beseelt. Auch die einzelnen Himmel und Gestirne haben eine Seele, denen Regenten als höhere Intelligenzen übergeordnet und Diener als Helfer untergeordnet sind. Auf diese Weise sind alle Dinge miteinander verbunden und haben eine anziehende bzw. abstossende Wirkung aufeinander. Der Mensch als Mikrokosmos ist gleichsam das Abbild des Alls und auch Gottes, Welche zusammen den Makrokosmos bilden. Agrippa besass einen schwarzen Hund mit dem Namen „.Monsieur", den er sehr liebte. Das Tier frass mit ihm an seinem Tisch und schlief in seinem Bett. Man verdächtigte ihn, er habe in seinem Hund einen dämonischen Helfer. Man sagt, Agrippa und sein Pudel seien deshalb von Goethe in seinem „Faust" als Gestallen aufgenommen worden.

Dr. John Dee (1526 -1600)

Dr. Dee war Mathematiker, berühmter englischer Astrologe, Alchemist und Magier. Er war Hofastrologe und Berater der Königin Elisabeth 1. 1502 machte er die Bekanntschaft des Apothekers Edward Kelley (eigentlich Talbot, 1555-1597), die für sein weiteres Leben entscheidend wurde. Dee führte mit Kelley als Medium spiritistische Sitzungen durch. Bei ihren Versuchen verwendeten sie eine Kristallkugel und Wachstafeln, in die magische Zeichen und Symbole eingraviert waren. Die Tafel für eine bestimmte Anrufung wurde zwischen vier Kerzen gelegt, dann starrte Kelley in den Kristall, fiel in einen Trancezustand und rief die Engel herbei. Diese Engel zeigten ihm auf 49 Zoll grossen Quadraten, welche die Buchstaben des Alphabets enthielten, bestimmte Buchstaben. Dee schrieb diese Buchstaben auf. 1582 empfing Kelley Botschaften in der Engelsprache, auf „Henochisch". Die 19 Henochischen Schlüssel von Edward Kelley und John Dee benutzte später auch Aleister Crowley auf einer Expedition in der algerischen Wüste als Beschwörungsformeln.

Aleister Crowley (1875 -1947)

Aleister Crowley war ein englischer Dichter, Magier, Begründer mehrer Orden und einer der bedeutendsten Okkultisten des 20. Jahrhunderts. Eigentlich hiess er Edward Alexander Crowley. Seine am meisten gebrauchten Pseudonyme sind: Meister Therion, To Mega Therion (griechisch: das grosse Tier), Frater Perdurabo (lateinisch: "Ich werde durchhalten"), Gerard Aumont.
Im Jahre 1898 schloss er sich dem Orden Golden Dawn an, der unter der Leitung S. L. Mac Gregor Mathers stand, mit dem er sich ziemlich schnell anlegte. (Als Mathers im Jahre 1910 starb, behauptete man, Crowley habe ihn durch Magie umgebracht). Mathers schaffte es, dass Crowely aus dem Orden ausgestossen wurde, und so zog dieser sich 1903 in ein einsames Hans in Schottland zurück, wo er Experimente nach der Magie des Abramelin durchführte. Crowley konnte die Abramelin-Dämonen zwar herbeirufen, er schrieb: „Hütte und Terrasse waren bald angefüllt mit schattenhaften Figuren", aber nicht unter Kontrolle bringen. Oriens, Paimon, Ariton, Amaimon und andere entkamen bei der Beschwörung und entfesselten im Haus ein Chaos. Als sich die Nachbarn über die seltsamen Dinge, die in Crowleys Domizil vorgingen, zu

beschweren anfingen, konterte er die Angriffe, indem er die Beschwerdeführer mit einem Fluch belegte, womit er zwei Diener in den Selbstmord und einen Gemeindearbeiter in den Alkohol trieb. Auch der Dorfmetzger wurde durch Crowleys auf eine Rechnung gekritzelte Namen zweier Dämonen, „Elerion" und „Mabakiel2 („Gelächter" und „Gejammer") beeinflusst. Zusammen gelesen bedeuten diese Worte „unerwünschtes Leid, das plötzlich das Glück verdunkelt". Bald darauf durchschnitt sich der Metzger die Oberschenkelarterie und verblutete. Während seines Aufenthaltes in Kairo (1904) empfing

Crowley eine Offenbarung von Aiwass, dem Abgesannten des ägyptischen Gottes Ra-HoorKhuit, die sein ganzes weiteres Leben bestimmte. Im „Liber Al vel Legis" (Das Buch des Gesetzes) sind diese Offenbarungen zusammengefasst: Ein neues Zeitalter hat begonnen (der Äon des Horns). Crowley ist das Tier 666, der Antichrist der Offenbarung des Johannes. Die alten Religionen und die herrschende Moral sind beseitigt. Von nun an gilt:

1. Jeder Mann und jede Frau sind ein Stern.

2. Die Befolgung des eigenen Willens ist das oberste Gesetz. Dieses neue Zeitalter heisst „Eoquinox der Götter".

1905 gründete Crowley seinen eigenen Orden, den „Argenteum Astrum" (Der Silberne Stern,

Abkürzung A. A.). 1912 wurde er Leiter der englischen Sektion des OTO (Ordo Templi Orientis), den er aber nur als eine Gruppe seines Ordens A. A. ansah. 1913 wurde sein Buch „Book of Lies" veröffentlicht. 1920 gründete er in Cefalu auf Sizilien das „Heilige Kloster des Thelema". „Thelema" ist griechisch und bedeutet Wille, Wahl, womit sich ein enger Bezug zu Crowleys Motto ergibt: „Tu, was du willst, sei das ganze Gesetz". Im Kloster brachten er und seine Anhänger Tieropfer dar, hielten schwarze Messen ab, huldigten Satan, nahmen Drogen und feierten Sexorgien. 1923 wurde er aus Italien ausgewiesen. 1930 erschien sein Werk „Magick in Theory and Practice". 1944 schuf er zusammen mit Frieda Harris Tarotkarten; Grundlage bildeten die Arbeiten Lévis, der das Tarot mit dem aus der Kabbala bekannten Lebensbaum verband. 1947 starb er verarmt und drogenabhängig in Hastings. Bei der Feuerbestattung wurde eine schwarze Messe abgehalten, bei der auch seine „Hymne an Pan" vorgetragen wurde.

Anton Szandor LaVey (1930-1997)

Künstlername: Anton Szandor LaVey, eigentlich hiess er Howard Stanton Levey. LaVey war ein amerikanischer Okkultist, der in San Francisco einen magischen Zickel leitete und 1966 die "First Church of Satan" gründete. 1969 veröffentlichte er „The Satanic Bible", 1971 „The Compleat Witch", 1972 "The Satanic Rituals".

Die 19 Henochischen Schlüssel

Die Henochische Sprache, die Grammatik und alle Merkmale einer tatsächlichen Sprache beinhaltet, ist die Sprache der Engel. Die 19 Henochischen Schlüssel oder Rufe sind Beschwörungsformeln und wurden Dr. John Dee (16. Jahrhundert), dem berühmten Hofastrologen der englischen Königtn Elisabeth 1., und Edward Kelly, dem Medium, vom Engel Nalvage oder Gabriel diktiert. Die hier dargestellte Version der Henochischen Schlüssel ist die exakte Abschrift von Dees handschriftlichen Aufzeichnungen.

Der erste Schlüssel

Henochisch:

Ol sonf vorsg, goho lad balt lansh calz vonpho, sobra
z-ol ror i ta nazpsad Graa ta Malprg ds hol-q Qa-a
nothoa zimz Od commah ta nobloh zien: Soba thiI
gnonp prge aIdi Ds urbs oboleh grsam: Casarm
ohoreIa caba pir Ds zonrensg cab erm Jadnah: PiIah
farzm znrza adna gono IädpiI Ds hom toh Soba Ipam
Lu lpamis Ds loholo vep zomd Poamal od bogpa aal
ta piap piamos od vaoan ZACARe c-a od ZAMRAN
odo cicle Qaa zorge, Iap zirdo noco MAD Hoath
Jaida.

Deutsch:

‚Ich herrsche über Euch!", spricht der gerechte Gott,
in Kraft erhoben oben und unten, in dessen Händen
die Sonne ein Schwert ist und der Mond ein alles
vernichtendes Feuer. Er hat ein Gesetz geschaffen,
um die Heiligen zu befehligen und hat Euch einen
Stab mit höchster Weisheit gebracht. Erhebt Eure
Stimmen und schwört ihm Gehorsamkeit und Treue,
der lebt und triumphiert, der keinen Anfang und
kein Ende hat, als eine Flamme inmitten in Eurer
Paläste leuchtet und regiert unter Euch als ein
Gleichgewicht von Gerechtigkeit und Wahrheit!
Kommt hervor und zeigt Euch! Öffnet die
Geheimnisse Eurer Schöpfung! Seid mir

wohlgesonnen, denn ich bin ein Diener desselben Gottes! Ein wahrer Verehrer des Allerhöchsten!

Der zweite Schlüssel Henochisch:

Adgt v-pa-ah zongom fa-a-ip said vi-iv L sobam Ial-prg I-za-zaz pi-adph Cas-arma abramg ta talho paracleda Q-ta Iors-I-q turbs ooge Baltoh Giui chis Lusd orri Od micalp chis bia ozongon Lap noan trof cors ta ge, o-q manin Ja-l-don: Torzv gohel ZACAR ca c-no-qod ZAMRAN micaIzo od ozazm vreIp Lap zir loiad.

Deutsch:
Können die geflügelten Winde Eure wundersamen Stimmen Verstehen? Ihr seid die Zweiten des Allerersten, umgeben von brennenden Flammen, wenn ich Eure Namen spreche. Ich werde Euch behandeln wie Kelche für eine Hochzeit oder wie schöne Blumen in der Kammer der Rechtschaftenheit. Eure Füsse sind stärker als der nackte Stein und Eure Stimmen mächtiger als manch ein Wind. Ihr werdet einem Gebäude gleich, das es nicht gibt, ausser in den Gedanken des Allmächtigen. „Erhebt Euch!", sagt der Erste, „Kommt zu Eurem Diener! Zeigt Euch in voller Macht, und lasset mich ein guter Seher sein, denn ich entstamme ans Ihm, der ewig lebt!"

Der dritte Schlüssel

Henochisch:

Micma goho Piad zir comselh azien biab Os Lon-doh Norz chis othil Gig.pah und-l chis ta puim Q mospleh teloch Qui-i-n toItorg chis i-chis-ge m ozien dst brgda od torzu! l-Il E-ol balzarg od aala ThiIn os neta-ab, dIuga vomzarg Lonsa Cap-mi-ali vors cla homil cocasb fafen izizop od miinoag de gne-taab vaun na-na-e-el panpir Malpirgi caosg Pild noan vnalah balt od vooan do-o-i-ap MAD Goholor gohus amiran Micma Iehusoz ca-ca-com od do-o-a-in noar mi-ca-olz a-ai-om Casarmg gohia ZACAR vniglag od Im-ua-mar pugo pIapIi ananael Qaan.

Deutsch:

"Siehe!", erklärt Dein Gott. "Ich bin ein Kreis, in dessen Hand zwölf Königreiche stehen. Sechs sind Orte atmenden Lebens, die anderen sind wie scharfe Sicheln oder Hörner des Todes. Daher leben und sterben die Wesen der Erde nur durch meine Hände, die schlafen und erheben sich wieder. Am Anfang machte ich Euch zu Statthaltern in den zwölf Regierungssitzen. Jedem von Euch gab ich eine angemessene Macht über die 456 wahren Zeitalter. Ich beabsichtigte, dass Ihr von den höchsten

Gefässen und Ecken Eurer Reiche meine Macht vertretet und die Feuer des Lebens herniedergiesst und auf der Erde vermehret. So wurdet Ihr die Gewänder von Gerechtigkeit und Wahrheit!" Im Namen desselben Gottes: „Erhebt Euch!" Siehe, seine Gnaden sind vielfältig, und sein Name wurde mächtig unter uns. In seinem Namen sagen wir: „Bewegt Euch, steigt herab und dient mir als Teilhaber seiner geheimen Weisheit in Eurer Schöpfung!"

Der vierte Schlüssel

Henochisch:
Othil lasdi babage od dorpha GohoI G-chisge avavago Cormp pd dsonf viv-di-v Casarmi OaIi Mapm Sobam ag cormpo c-rip-l Casarmg croodzi chis od vgeg dst capimali chis Capimaon od Ionshin chis ta Lo Cla Torgu Nor quasahi od F caosga Bagle Zirenaiad Dsi od Ap^la Do-oa-io Q-a-aI ZACAR od ZAMRAN Obelisong rest-el aaf Nor-mo-lap.
Deutsch:
Ich setzte meine Füsse in den Süden, sah mich um und sprach: "Sind die Donner des Wachstums nicht 33 an der Zahl, die im zweiten Winkel herrschen?" Ich unterstellte ihnen 9639 Diener, die nie gezählt wurden, ausser einem. In ihnen existiert der zweite

Anfang der Dinge und wächst stark. Sie sind ebenfalls die aufeinanderfolgenden Zahlen der Zeit: Ihre Kräfte sind dieselben wie die der ersten 456. „Erhebt Euch, Söhne der Freude und besucht die Erde! Ich bin der Herr Euer Gott, der ist und lebt. Im Namen des Schöpfers, bewegt Euch, zeigt Euch als angenehme Diener, die ihn unter den Kindern der Menschen preisen!"

Der fünfte Schlüssel

Henochisch:
Sapah zimii du-i-v od noas ta qa-a-nis adroch dorphal ca-osg od faonts peripsol tablior Casarm amipzi nazarth af od dIugar zizop z-lida caosgi toltorgi od z-chis es.asch L taviu od iaod thild ds hubar Peoal soba cormfa chis ta la vls od Q-co-casb Ca niis od Darbs Q-a-as Feth-ar-zi od bliora ia-ial ed-nas cicles Bagle Geiad i-L.

Deutsch:
Die mächtigen Klänge haben den dritten Winkel erreicht und wurden wie Oliven in einem Olivenhain. Sie schauen voll Freude auf die Erde und wohnen im Glanz der Himmel als ewige Tröster, auf denen ich 19 Säulen des Glücks baute. Ich gab ihnen Gefässe, die Erde mit ihren Kreaturen zu bewässern,

und sie sind die Brüder der Ersten und Zweiten und begannen ihre eigenen Sitze, welche sie mit 69636 ewig brennenden Lampen schmückten, deren Zahlen wie Anfang, Ende und Fortlauf der Zeit sind. Kommet daher und gehorcht Eurer Schöpfung. Besucht uns in Frieden und mit Freundlichkeit! Macht uns zu Empfängern Eurer Mysterien: Warum. Unser Herr und Meister ist der All-Eine!

Der sechste Schlüssel

Henochisch:
Gah s dlu chis em micalzo pilzin sobam El harg mir babalon od obIoc samvelg dlugar malprg arcaosgi od Acam canal soboIzar f-bIiard caosgi od chis anetab od miam ta viv od d Darsar sol-peth bien Brita od zacam g-micalzo sob-ha-ath trian Lu-ia-he odecrin MAD Q-a-a-on.

Deutsch:
Die Geister aus dem vierten Winkel sind 9 und mächtig im Firmament der Wasser, die der Erste pflanzte, eine Qual für die Bösen und für die Gerechten ein Siegeskranz. Er gab ihnen feurige Speere, um die Erde zu schützen und 7699 beständige Arbeiter, welche die Erde voll Erquickung besuchen. Ihre Herrschaft und Antlitze

gleichen dem Zweiten und Dritten. Daher hört meine Stimme! Ich sprach über Euch und half Euch so, Eure Macht und Gegenwart aufzubauen, Eure Werke sollen ein Lobgesang sein und die Lobpreisung Eures Gottes!

Der siebte Schlüssel

Henochisch:

Raas isalman paradiz oecrimi aao ial-pirgah qui-in enay butmon od inoas ni paradial casarmg vgear chirlan od zonac Luciftian cors ta vaul zirn tol-ha-mi soba londoh od miam chis tad od des vmadea od pibl^ar OthlIrit od miam CnoquoI Rit ZACAR, ZAMRAN oecrimi q-a-dah od omicaolz aa.om Bagle papnor idIugam lonshi od vmplifvgegi BigIiad.

Deutsch:

Der Osten ist ein Haus voller Jungfrauen, welche Loblieder singen über den Flammen der ersten Herrlichkeit, wo der Herr seinen Mund öffnete, und so wurden sie 20 lebendige Wohnhäuser, in denen sich die Stärke des Menschen erfreut, und sie sind gekleidet mit glänzenden Ornamenten und wirken Wunder unter allen Kreaturen. Ihre Königreiche und Antlitze gleichen dem Dritten und Vierten, mächtige Türme und Orte des Trostes, Gnadenstühle und ewige Fortdauer. Oh Ihr Diener der Gnade, bewegt Euch, erscheint und singt dem Schöpfer Loblieder und seid mächtig unter uns, so dass diese Erinnerung Macht verleiht und unsere Stärke in unserem Tröster wächst!

Der achte Schlüssel

Henochisch:
Bazmelo i ta pirlpson oln nazavabh ox casarmg Vran chis vgeg dsa-bramg baltoha goho i-ad soba miam trian ta Iol-cis Abaluonin od aziag.er rior Irgil chls da ds pa-a-ox busd caosgo ds chis odlpuran teloah cacarg O isalman loncho od Voulna carbaf Nilso BagIe avauago gohon Niiso bagle momao sia.on od mabza Jad-oias-momar poilp Niis ZAMARN ciaofi caosgo od bliors od corsi ta a-bramig.

Deutsch:
Der Mittag, wo der Erste dem dritten Himmel gleicht, besteht aus 26 hyazinthenen Säulen. Dort werden die Greise stark. "Ich habe sie für meine eigene Rechtschaffenheit vorbereitet", sagt der Herr, dessen lange Fortdauer wie ein Schutzschild gegen den geduckten Drachen ist und wie die Ernte einer Witwe. Wieviele sind es, die im Glänze der Erde bleiben und leben Werden ohne den Tod zu sehen,

bis dass das Haus fällt und der Drache untergeht? Kommt, erscheint der Erde zum Schrecken, uns aber zum Troste und denen, die da bereit sind!

Der neunte Schlüssel Henochisch:

Mi-ca-oli bransg prgel napta ialpor ds brin efafafe Pvonpho olani od obza sobca vpaah chis tatan od tranan balye alar lusda soboln od chls holq Cnoquodi cial vnal aldon mom caosgo ta las ollor gnay Iimlal Amma chiis sobca madrid zchis, ooanoan chis aulny drilpi caosgin, od butmoni parm zumvi Cnlla Dazis ethamz a-chlldao od mirc ozol chis pidiai collal vlcinin asobam vcim Bagle Iadbaltoh chirlan par Niiso od ip ofafafe Bagle acocasb icorsca vnig blior.

Deutsch:
Eine mächtige Wache aus Feuer hat ihre Füsse in den Westen gesetzt. Sie haben zweischneidige flammende Schwerter, acht Zornesschalen zweieinhalb Mal, ihre Schwingen sind aus Wermut, und das Mark ihrer Knochen ist aus Salz. Sie sind zusammen mit ihren 9996 Gesandten abgemessen. Diese horten das Moos der Erde, wie ein reicher Mann seinen Schatz hortet. Verflucht sind die Schändlichen! In den Augen derer mit Schlechtigkeit im Herzen sind Mühlsteine grösser als die Erde, und

aus ihren Mündern rinnen Seen aus Blut. Die Häupter der Wache aus Feuer sind mit Diamanten bedeckt, und auf ihren Händen sind Marmorsteine. Glücklich ist der, dem sie nicht zürnen. Warum? Der Herr der Gerechtigkeit erfreut sich in ihnen. Kommt her, doch ohne Eure Schalen, denn dies ist eine Zeit, die des Trostes bedarf!

Der zehnte Schlüssel

Henochisch:
Coraxo chis cormp od blans Lucal aziazor paeb soba Lilonon chis virq op eophan od raclir maasi bagle caosgi ds ialpon dosig od basgim od oxex dazis siatris od salbrox cynxir faboan Vnal-chis const ds daox cocasb ol oanio yor vohim ol gizyax od eors cocasg pIosi moIui ds pageip Larag om droln matorb cocasb emna L patralx yolci matb nomig monons oIora gnay angelard Ohio Ohio Ohio Ohio Ohio Ohio noib Ohio caosgon Bagle madrid i zirop chiso drilpa Niiso crip ip nidali.

Deutsch:
Die Donner des Gerichts und des Zorns sind gezählt und wohnen im Norden, gleich einer Eiche, deren Zweige 22 Nester der Wehklage und des Weinens sind, die für die Erde bereitgehalten werden. Sie

brennen Tag und Nacht und speien Skorpionsköpfe und brennenden Schwefel aus, der mit Gift vermengt ist. Das sind die Donner, die 5670 Male im 24. Teil einer Sekunde mit 100 Erdbeben grollen und 1000 Mal so viele Sturzseen, die weder ruhen noch kennen sie irgendeine Form der Zeit hier. Ein Fels erzeugt tausende, genauso wie das Herz des Menschen seine Gedanken erzengt. Weh! Weh! Weh! Weh! Weh! Weh! Ja, Weh der Erde, denn ihre Schändlichkeit ist, war und wird gross sein! Kommt her, aber ohne Lärm!

Der elfte Schlüssel

Henochisch:

Oxiayal holdo od zirom O coraxo ds zildar raasi od vabzir cameliax od bahal Niiso salman teloch Ca-sar-man hol-q od ti ta z-chis soba cormf i ga Niisa Bagle abramg noncp ZACARe ca od ZAMRAN odo cicle Qaa Zorge Iap zirdo noco Mad Hoath Iaida.

Deutsch:

Der mächtige Sitz grollte, und da waren 5 Donner, die gegen Osten flogen, und der Adler sprach und rief laut: „Kommt her!" Und sie gingen zusammen und wurden zum Haus des Todes, welches ausgemessen ist, und sie waren jene, deren Zahl 31 ist. Kommt her! Ich habe alles für Euch Vorbereitet, daher bewegt und zeigt Euch! Öffnet die Geheimnisse Eurer Schöpfung! Seid mir wohlgesonnen, denn ich bin ein Diener desselben Gottes! Ein wahrer Verehrer des Allerhöchsten!

Der zwölfte Schlüssel

Henochisch:

Nonci dsonf Babage od chis ob hubiao tibibp allar atraa od ef drix fafen Mian ar Enay ovof soba dooain aai i VON PH ZACAR gohus od ZAMRAN odo cicle Qaa Zorge Lap zirdo noco MAD Hoath Iaida.

Deutsch:

Oh Ihr, die ihr im Süden regiert und die 20 Laternen der Sorge seid, bindet Eure Gürtel und besucht uns! Bringt Eure 3663 Diener mit, so dass der Herr verherrlicht werde, dessen Name lautet „Zorn" unter Euch. Bewegt Euch, sage ich, und zeigt Euch! Öffnet die Geheimnisse Eurer Schöpfung! Seid mir wohlgesonnen, denn ich bin ein Diener desselben Gottes! Ein wahrer Verehrer des Allerhöchsten!

Der dreizehnte Schlüssel

Henochisch:

Napeai Babagen dsbrin vx ooaona Iring vonph doalim eolis ollog orsba ds chis affa Micma isro MAD od Lon-shi-tox ds ivmd aai GROSB ZACAR od ZAMRAN odo cicle Qäa, Zorge, Lap zirdo Noco MAD, Hoath Iaida.

Deutsch:

Oh Schwerter des Südens, die Ihr 42 Augen habt, um den Zorn der Sünde aufzurütteln, die Ihr die Menschen trunken macht, die leer sind: Sehet, das Versprechen Gottes und seine Macht, die unter Euch ein bitterer Stachel genannt wird! Kommt hervor und zeigt Euch! Öffnet die Geheimnisse Eurer Schöpfung!

Seid mir wohlgesonnen, denn ich bin ein Diener desselben Gottes! Ein wahrer Verehrer des Allerhöchsten!

Der vierzehnte Schlüssel

Henochisch:
Noromi bagie pasbs oiad ds trint mirc ol thiI dods tolham caosgo Homin ds brin oroch Quar Micma bial o.ad aisro tox dsivm aai Baltim ZACAR od ZAMRAN odo cicle Qaa, Zorge, Lap zirdo Noco MAD, hoath Iaida.

Deutsch:
Oh Ihr Söhne der Wut, die Töchter des Gerechten, die Ihr auf 24 Sitzen thront und alle Kreaturen der Erde mit Alter plagt, die Ihr 1636 Diener unter Euch habt. Sehet, die Stimme Gottes und sein Versprechen, welches unter Euch Wut oder gnadenlose Gerechtigkeit genannt wird. Kommt hervor und zeigt Euch! Öffnet
die Geheimnisse Eurer Schöpfung! Seid mir wohlgesonnen, denn ich bin ein Diener desselben Gottes! Ein wahrer Verehrer des Allerhöchsten!

Der fünfzehnte Schlüssel

Henochisch: lls tabaam Lialprt casarman vpaahi chis darg dsoado caosgi orscor ds omax monasci Baeouib od emetgis iaiadix ZACAR od ZAMRAN, odo cicle Qaa zorge, Lap zirdo Noco MAD, hoath Iaida.

Deutsch:
Oh Du Regent der ersten Flamme, unter deren Schwingen 6739 Diener sind, der Du die Erde mit Dürre schlägst, der Du den grossen Namen „Gerechtigkeit" kennst und das Siegel der Ehre. Komme hervor und zeige Dich! Öffne die Geheimnisse Deiner Schöpfung! Sei mir wohlgesonnen, denn ich bin ein Diener desselben Gottes! Ein wahrer Verehrer des Allerhöchsten!

Der sechzehnte Schlüssel

Henochisch: lls viuialprt salman balt ds acroodzi busd od bliorax balit dsinsi caosg Iusdan Emod dsom od tIiob drilpa geh yls MadziIodarp ZACAR od ZAMRAN odo cicle Qäa zorge, Lap zirdo Noco Mad hoath laida.

Deutsch:

Oh du zweite Flamme, das Haus der Gerechtigkeit, die Dun Deinen Anfang in Ehre hast, und die Du die Aufrechten erfreust: Du läufst auf der Erde mit 8763 Füssen und verstehst und unterscheidest die Kreaturen: Du bist gross, wie der Herr der Eroberung. Komme hervor und zeige Dich. Öffne die Geheimnisse Deiner Schöpfung! Sei mir wohlgesonnen, denn ich bin ein Diener desselben Gottes! Ein wahrer Verehrer des Allerhöchsten!

Der siebzehnte Schlüssel

Henochisch:
IIs diaIprt soba vpaah chis nanba zixIay dodsih od brint Faxs hubaro tustax yIsi, sobaiad i vonpovnph Aldon daxil od toatar: ZACAR od ZAMRAN odo cicle Qäa, zorge, Lap zirdo Noco Mad hoath Iaida.

Deutsch:
Oh Du dritte Flamme, deren Schwingen Dornen sind, um Plagen zu erregen, die Du 7336 brennende Lampen hast, die vor Dir gehen und deren Gott „Grimmige Wut" heisst. Gürte Deine Lenden und höre! Komme hervor und zeige Dich. Öffne die Geheimnisse Deiner Schöpfung! Sei mir wohlgesonnen, denn ich bin ein Diener desselben Gottes! Ein wahrer Verehrer des Allerhöchsten!

Der achtzehnte Schlüssel

Henochisch:

IIs Micaolz Olprit ialprg BIiors ds odo Busdir o.ad
ovoars caosgo Casarmg Laiad eran brints casasam ds
ivmd a-q-lo adohi MOZ od maoffas BoIp comobliort
pambt ZACAR od ZAMRAN odo cicle Qäa, zorge
Lap zirdo Noco MAD Hoath Iaida.

Deutsch:

Oh Du mächtiges Licht und brennende Flamme des
Trostes, die den Ruhm Gottes dem Innersten der
Erde öffnet, in der die 6332 Geheimnisse der
Wahrheit ihren Wohnort haben, der Du in Deinem
Königreich "Freude" genannt wirst und
unermesslich bist. Sei für mich ein Fenster des
Trostes! Komme hervor und zeige Dich! Öffne die
Geheimnisse Deiner Schöpfung! Sei mir
wohlgesonnen, denn ich bin ein Diener desselben
Gottes! Ein wahrer Verehrer des Allerhöchsten!

Der neunzehnte Schlüssel

Henochisch:

Madriax dspraf LIL chis Micaolz saanir Caosgo od
flsis balzizras Iaida nonca gohulim Micma adolan
MAD Jaod bliorb sabaooaona chis Luclft.as perlpsol

ds abraassa noncf netaaib Caosgi od tilb adphaht damploz tooat noncf gmicalzoma Lrasd tofglo marb yarri IDOIGO od torzulp iaodaf gohol Caosga tabaord saanir od christeos yrpoiI tiobI Busdir tilb noaln paid orsba od dodrmni zylna EIzaptilb parmgi peripsax od ta qurlst booapiS Lnibm ovcho symp, od Christeos Agtoltorn mirc Q tiobI LeI, Ton paombd dilzmo aspian, Od christeos ag L tortorn parach asymp, Cordziz dodpal od fifalz Lsmnad, od fargt bams omaoas, Conisbra od auauox tonug, OrscatIb noäsmi tabges, Lévithmong unchi omtiIb ors. Bagile Moooah olcordziz. L capimao ixomaxip od cacocasb gosaa. Baglen pii tianta ababalond od faorgt teIocvovim. Madriiax torzu oadriax orocha aboapri. Tabaori priaz artabas. Adrpan corsta dobix. Yolcam priazi arcoazior. od quasb qting. Riplr paaoxt sagacor. Vml od prd-zar cacrg Aoiveae cormpt. TORZU ZACAR od ZAMRAN aspt sibsi butmona ds surzas tia baltan: Odo cicle Qaa: od ozazma pIapIi Iadnamad.

Deutsch:

Oh Ihr Himmel, die Ihr im ersten Aethyr wohnt, mächtig seid Ihr in den Himmelsrichtungen der Erde! Und Ihr führt das Urteil des Höchsten aus. Euch sei gesagt: Sehet das Antlitz Eures Gottes, den Beginn des Trostes, in dessen Augen der Glanz der Himmel ist. Er bestimmte Euch zur Herrschaft über die Erde und ihre unaussprechliche Vielfalt. Er stattete Euch mit der Macht des Verstehens aus, um alle Dinge nach der Vorhersehung dessen einzurichten, der auf dem heiligen Thron sitzt und sich am Anfang erhob und sprach: Möge die Erde durch ihre Teile beherrscht werden, und möge Trennung in ihr sein, so dass ihr Ruhm stets trunken und mit sich selbst geplagt ist. Möge ihre Bahn zusammen mit den Himmeln laufen und als Magd soll sie ihnen dienen. Eine Jahreszeit soll der anderen folgen, und kein Wesen, das auf ihr lebt, soll dasselbe sein. All ihre Bewohner sollen sich in ihren Eigenschaften unterscheiden und keine Kreatur soll der anderen gleichen. Die vernunftbegabten Wesen der Erde oder die Menschen, mögen sie sich gegenseitig quälen und ausrotten! Und die Namen ihrer Wohnstätten sollen vergessen sein! Das Werk der Menschen und all ihr Prunk soll ausgelöscht werden! Ihre Häuser sollen zu Höhlen für die Tiere des Feldes werden! Verderbt ihren Verstand mit Dunkelheit! Warum? Weil es mich

reut, dass irh den Menschen schuf! Einmal soll sie bekannt sein, dann jedoch eine Fremde, denn sie ist das Bett einer Dirne und der Wohnort des Gefallenen! Oh Ihr Himmel! Erscheint! Die niederen Himmel unter Euch, sie sollen Euch dienen! Beherrschet jene, die beherrschen! Werft nieder jene, die fallen, bringt jene hervor, die wachsen, und zerschmettern die Verderbten! Keinen Ort sollt Ihr in seiner Zahl belassen! Mehret und mindert, bis dass die Sterne gezählt sind! Erhebt Euch! Bewegt Euch und erscheint vor dem Bund seines Mundes, welchen er uns in seiner Gerechtigkeit schwor. Öffnet die Geheimnisse Eurer Schöpfung und macht uns zu Teilhabern des unbefleckten Wissens!

Schlusswort

Das Gelesene soll sorgfältig überlegt und vorsichtig, genau so wie es vorgeschrieben ist, ausgeführt werden. Diejenigen, welche meine Ratschläge befolgen, können sich den Inhalt dieses Buches gewiss und unzweifelhaft zu Nutzen machen.

Wer jedoch meine Ratschläge missachtet, der wird hineinfallen in schreckliches Unglück. Es gibt kein Gesetz, ausser tu was du willst.